徐一骐 陆漱
马健 吴飞
等著

家园之
爱话匠心

四川省青川县未成年人校外活动中心建设纪实

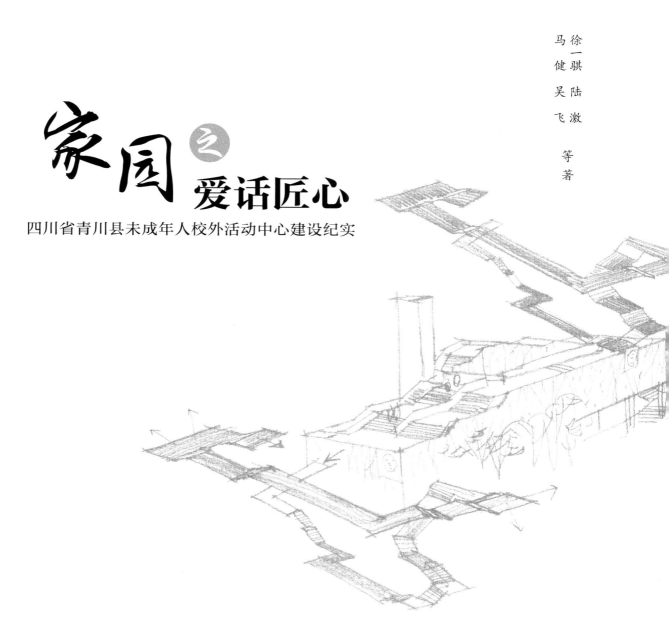

中国建筑工业出版社

代 序

守望的月光

——写在四川省青川县未成年人校外活动中心建设启动前夕

献给家乡的孩子们,
献给那些少小年华的孩子们,
献给所有那些
　　　伤逝中沉入夜幕的孩子们,
我捡起一颗颗
　　　簌簌散落的泪珠项链,
在时间的那一边寻找
　　　记忆的夜色已是海湾

你燃烧吧——
　　　失明的波浪的眼睛,
埋在我身上
　　　你那水刃和光刃的光亮,
用你折断的话语挖掘我的胸膛,

撬开残垣，搬走巨石
　　　　　　　铺路架桥建房
前行不歇
　　　　无须迟疑和彷徨，
献给苍苍的山石
青青的草茵之间
　　　　花朵和树木的孩子们，
献给如此珍贵的
　　　　还未吐露笑容的孩子们

历经苦难和艰辛，
立足之处就在这片热土上！
　　　　耕耘播种浇灌
　　　　　　只为新苗茁壮地成长，
献给那些透过泪水
　　　　嫣然微笑的孩子们，
献给所有那些
　　　　　穿行于小瀑布
　　　　　　　　　漫游在山肩
和生出翅膀飞翔的孩子们，

也献给人类的孩子们。
所有的孩子们
　　　　来到亲爱的家乡，

像树林，畅饮着山语，
　　　歌声，栖息在树梢上

仰望星空
倾听炉火的声音，
　　　在这纯属辛劳的境地，
　　　火将友情传播到整栋心房：
它的温暖有用
　　　　它正在搏动
所有的一切都浸沐在炉膛中

啊，我多么希望，
　　　孩子们的生活道路
充满光明；
愿他们的理想
　　　扎根大地，挺直树干，
　　　舒展枝叶，吐出新绿——
鸟巢的笑语盛开，
从梦中掏出故乡的红月亮！

　　　　　　　　　　　徐一骐
　　　　　　　　　　　2012年5月

前　言

2018年5月12日，是汶川大地震十周年。这十年，我们的祖国一路走来，映现了涵融万汇、兼容并蓄的博大气魄和时代精神。

"无穷的远方，无数的人们，都和我有关。"鲁迅先生这句话中的"我"，是指我们每个人自己，"我"的存在对所有的人和事物都有影响。本书的亲历者们以深情的笔触，回忆他们和震区人民心连心，一起度过的一段难忘岁月。这正能说明每个人都可以为社会发挥力量。

书中所讲述的，是过去十年间，一座跨越1800多公里的公益建筑协作援建之旅和教育扶贫的故事。讲的是人、人生和这座建筑的命运，以及连贯于10年的活动：我们有理由认为从建筑到文字，从扶贫到育人，是富有理想和人情味的，也是综合而又匠心独具的，因为在书中作者们已经将一系列丰富的信息涵盖进了这样一种时代特有的精神风貌。

建筑学，不仅仅是一门单纯的学科，读《家园之爱话匠心》，读者从这本书中，可以感受到建成一座公益建筑所经历的艰难历程和化解成败翻覆的力量。在交织着生命的冲撞中，躬行者们挥臂流汗，坚忍不拔的毅力，匠心筑梦的恒心，无处不体现出一种扶贫协作的交会，彼时的建筑已经是一场融精神、情感、历史、地理、科学、人文于一体的大综合。

坦率地说，位于青川县城乔庄镇小坝的这一建筑，它之成为命运的经历，倘使既无戏剧冲突又无事件故事的演绎，那么它就不会是今天呈现在人们眼中的模样了。在意外发生的事情和家乡情的冲撞中，凝聚了人们质朴耐苦的初心和乐观向上的精神，这一切，在我们的心魂中，是难以磨灭的。

  本书的立脚处是本乡本土的，而其视野所涉及的领域又是更广泛的：光、建筑、协作、书籍、地勘、设计、雕塑、园艺、健康、生态、节能、规划、经济、时间、交往空间……从工程立项到诉诸协调，从勘察到设计，从施工到监理，以及雕塑、园艺、4D影院、教育扶贫——都充分体现了人之为人的家乡情，它的实现也是家园之爱系于匠心的纯熟展露，是奔放和内敛之作，是铺展大爱的工场和作坊。作者们还找到了各种方法，可以使建筑艺术与技术学习、尊重自然，并对生态自然界作出反应。

  读这些文章、图纸和场景照片，有如微风夹着淡淡的大山味，寓感情激昂于宁静的叙写，画面在这一刻被镜头久久定格。

  读者朋友，请走进青川的好客之门，来这里领略巴山蜀水的旖旎风光、生态氧吧、淳朴民风吧——一个美丽、生态、祥和的新家园。

2018年10月31日

注：为了让更多读者朋友走进大美青川，邂逅自然精灵，经征得县有关部门同意，我们将国家级自然保护区唐家河——美轮美奂的《川河之灵》宣传视频放在中国建筑工业出版社建知微圈中，欢迎读者扫码观看。

目　录

代序：守望的月光
前言

综述篇

家乡建设：新的回望，新的象征	002
背景连接	004
家乡需要我们建的是怎样一座建筑？	005
家乡此一建筑最需要得到援助的事情	008
工程奠基，创造性作品的序曲	009
技术保障和承诺	010
喜庆的日子：建筑落成典礼	012
感激和属望	013
活动中心的捐建充分体现了浙江人民的深情厚谊（刘自强）	015
青川工程给了我们报效祖国的机会（徐一骐）	016
筑景掠影	019
奠基仪式　竣工仪式	023

匠心篇

第一套方案·2010年10月	028
第二套方案·2011年11月	030
立面方案调整·2014年7月	033
主题喷雕	035
室内空间立面	036
室内立面装饰点位图	036
园林景观方案	037
LOGO设计	038

4D 影院设施安装布局图　　　　　　　　　　　　　　　　　038
　　建成实景一览　　　　　　　　　　　　　　　　　　　　　039

协作篇

为了大山里的孩子——写在《家园之爱话匠心——四川省青川县未成年人校外活动
　　中心建设纪实》出版之际（马健）　　　　　　　　　　046
手绘的地域性（陆激）　　　　　　　　　　　　　　　　　053
巍巍青川（甘欣）　　　　　　　　　　　　　　　　　　　058
爱洒少年总是情（刘成林）　　　　　　　　　　　　　　　060
青川日记（王海金）　　　　　　　　　　　　　　　　　　063
修房记忆（苟蔚栋）　　　　　　　　　　　　　　　　　　069
因地制宜（蔡梦雷）　　　　　　　　　　　　　　　　　　073
浙江援建奉真情　部门支持献爱心——青川县未成年人校外活动中心项目建设
　　过程忆点滴（熊凯）　　　　　　　　　　　　　　　　076
青川援建记忆（楼建勇）　　　　　　　　　　　　　　　　080
与青川建筑的交谈（张威）　　　　　　　　　　　　　　　082
情系四海　命运乐章——"命运交响喷雕景观作品"的越洋创作设计与施工建设
　　合作过程及对灾区人民与青少年的寄语（吕·卡尔·卫民　Karl Weiming Lü）
　　　　　　　　　　　　　　　　　　　　　　　　　　084
为爱而写（邓铭庭）　　　　　　　　　　　　　　　　　　092
如格桑花般美丽绽放（马颐真）　　　　　　　　　　　　　093
附件：工程技术处理专家来信建议　　　　　　　　　　　　096

行路篇

乡愁与命运（徐一骐）　　　　　　　　　　　　　　　　　100

情怀篇

我们愿把它作为第二家乡（楼金）　　　　　　　　　　　　192

授人玫瑰，手有余香　奉献爱心，收获希望（沈元勤）　　　　193
舞动的建筑，心灵的纽带（董丹申）　　　　195
家乡（徐一骐）　　　　196
寄语（马健）　　　　197
心留青川（陆激）　　　　198
用爱托起美丽新家园（吴建荣）　　　　199
绿水青山寄深情（楼建勇）　　　　200
割舍不断的情感归宿和精神家园（方利强）　　　　201
心语连接（吴飞等）　　　　211

园丁篇

大爱延续牵动青川未来（李映霖、杨丽华）　　　　216
浙大建筑设计院"青川之友"助学2016活动纪实
（浙江大学建筑设计研究院建筑专业一所）　　　　220
怎样做个有出息的人——给青川中小学生的嘱托（陈叔平）　　　　225
爱的轨道铺向青川——宁波轨道交通援建青川纪实
（宁波市轨道交通集团有限公司团委）　　　　227
以爱为本　以情感人——浅析学生心理教育的几种途径（黄玉霞）　　　　228
让爱延续——2018青川爱心公益活动叙记
（浙江大学建筑设计研究院建筑专业一所）　　　　232
这里的孩子需要我，我很重要（董蓉泽）　　　　235
爱在青川　用初心助力成长——赴青川助学小记（周舒）　　　　237

致谢　　　　240
青川县未成年人校外活动中心参加援建和业已捐资的单位、团队和个人名单
　　　　241

综述篇

家乡建设：新的回望，新的象征
背景连接
家乡需要我们建的是怎样一座建筑？
家乡此一建筑最需要得到援助的事情

―――――――

工程奠基，创造性作品的序曲
技术保障和承诺
喜庆的日子：建筑落成典礼
感激和属望

―――――――

活动中心的捐建充分体现了浙江人民的深情厚谊（刘自强）
青川工程给了我们报效祖国的机会（徐一骐）
筑景掠影
奠基仪式　竣工仪式

十年不长，在人类历史的漫漫长河中，它只是转眼一瞬；十年不短，对一个经历过巨大灾难的地方，人们从伤痛中跨越，在向未来出发，每一个步点都刻骨铭心。走过十年，回望十年，震区的同胞们，过得还好吗？浙江对口援建的青川，如今是怎样的模样？"浙江之声"推出"汶川地震十年"特别节目——《浙川—这十年》，欢迎收听。

——引自2018年5月12日
"浙江之声"《浙川—这十年》

家乡建设：新的回望，新的象征

"5.12"大地震已经过去10年了，震区人民的新家园早已在破碎的大地上重新崛起。然而，面对这样一段特殊的岁月，人们还保存着怎样的记忆？震区家乡建设还有哪些方面需要得到人们的持续关注？开启未来的序章，又有哪些可借鉴的做法和新的乐章需要去续写？

说真的，随着时间的流逝，这种感情和激情是不是在渐渐地淡化？生活，正以迅猛的速度往前奔去，人们有太多的东西需要关注，有太多的东西需要追寻。

没错，历史总是在人们关注和追寻着某些有意义的劳作中前行。劳动确保我们的生存，工作构建世界，维持我们的历史属性。贯穿着关注和追寻意义的岁月转而成为人的行动。借助言论、行动和事迹，人们力求实现自己获得自由的潜能，在公众世界的光芒中维护人性的尊严。缺失了行动，工作便失去了意义，劳动也徒劳一场。在良知的见证前，在同仁的评判下，行动是人性的自我肯定。

当我们和家乡人民一起，经历了山崩地裂、河流改道、家园破碎和灾后重建，当我们亲身经历了这段持续10年的劳动和付出，我们学会了怎样更好地理解人性和家乡。很有希望的是，我们也学会了更本真地去爱。

对许多人来说，参加震后重建的燃情岁月是一段刻骨铭心的记忆。无论我们处在什么领域，在实现中我们都会产生深刻的慰藉，这种实现就是，我们帮助形成了新世界的构建。这就是创造性勇气，无论我们创造的东西可能有多么微不足道或多么偶然。

10年前，我们关注到极重灾区青川县，灾后失独家庭和孩子们心灵修复方面仍需要倾注人们更多的忧思和关怀。青川县还需要建设一座有利于未成年人长期健康成长的精神家园。家乡有困难，我们就回来。

10年中，远在1800多公里祖国东部沿海省份的我们，与四川省青川县的亲人们守望相助，不仅战胜了重重困难，匠心筑梦，建起了一座造型优美、功能齐全的少年儿童之家，而且开启了东西部教育扶贫协作的新征程，这是一个有关创造性勇气和持之以恒的故事。

在我们的时代，技术和工程、生态和规划、外交、商业，当然还有教学，所有这些职业以及别人的评价都在发生剧烈的改变，都要求有勇气的人们去赏识、指导、践行这种改变。对创造性勇气的需要，不仅与职业发生改变的程度成正比，也是与耕耘大地和家园建设面貌发生改变的程度成正比的。

但是，在我们讲解和欣赏创造性作品的时候——以青川县未成年人校外活动中心为例——我们也在进行持之以恒的活动。在我们看来，持之以恒地"博学之，审问之，慎思之，明辨之，笃行之"，不只是从事一项活动需要培养和践行的内功，也是一个人必须毕生具备的耐力、恒心和素养。这就是为什么有创造性勇气的人对建筑或绘画或其他作品，对新的形式、新的象征、新的模式之发现的原因。

如果读者要想感知这本书所展示出来的家乡建设，感知一种新的回望、新的象征，不妨翻阅一下。我们邀请了浙-川等地的同胞，共同讲述10年扶贫协作，建设青川县未成年人校外活动中心的家园情怀和筑梦故事。

我们要由衷地喊出：欢迎你啊，哦，生命！

背景连接

　　青川县地处四川省北部，与甘肃省、陕西省交界，系革命老区、贫困山区和少数民族散杂聚居区，一个贫穷落后的农业县；又处在秦岭南麓与龙门山交接的若干个地质断裂带上，属于地震频发区，在漫长的岁月里，当地居民的生命不断受到种种自然灾害的顽固威胁。"5·12"特大地震灾害，造成全县4821位同胞遇难[①]，15390人受伤，25万人无家可归，是有史以来破坏性最强、波及范围最广、救灾难度最大的毁灭性灾难，青川成为极重灾区。

　　青川县未成年人思想道德建设及爱国主义教育场所已被这场大地震损毁，无法再投入使用。灾情发生后，青川受灾学生高达42000多人，学生死亡数386人，全县的学校基本夷为平地。全县有64个孩子失去了双亲，365个孩子成了单亲家庭，还有更多的未成年人成了残疾儿童；受伤亡人员的亲情影响，许多未成年人思想负担重，心理创伤大。针对这些实际情况，切实解决未成年人的心理问题，为灾区近5万名未成年人建设一个有利于他们健康成长的精神家园，是县委、县政府的重要决定，是青川县25万人民的期盼。家乡有困难，我们就回来！

　　大灾过后，重返家乡，一起来建青川灾区未成年人校外活动中心。在青川县财政十分困难的情况下，来自浙江等地的爱心企业、单位和个人，以自己的方式和行动，陆续投入到援建活动中来。"为了生命和家园"系列丛书的作者们决意将十几本书的稿费捐出来；浙江大学建筑设计研究院免费设计整套图纸，并将它作为单位创先争优项目来坚守；建设项目经费严重不足，海南亚洲药业有限公司（浙江亚克药业有限公司）年逾八旬的企业家率先垂范，我们经历了许多故事……

　　重返家乡，一起来建青川灾区未成年人校外活动中心。活动中心是承载爱心和园丁们耕心不已的园地。本援建项目在县委、县政府的关心下，在义务援建者和业主单位中共青川县委宣传部、青川县精神文明办等部门的同伴们一起，经过

注：①数字引自四川青川地震遗迹国家地质公园博物馆碑刻。

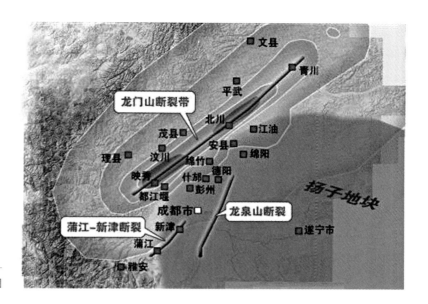

汶川地震烈度示意图

数年的坚持和共同努力,一路走来克服了种种意想不到的困难。苦乐之间,逆顺之间,家乡有情,人间有爱。家乡有困难,我们就回来;回来同流汗,回来共患难。

援建是一个传承,它是千百年来中国人民英勇顽强精神的延续,震区家乡人民心中勾勒的春天,在这传承中姹紫嫣红,家乡人民心中未成年人精神家园建设的蓝图,必将在废墟与泪水中、在园丁们倾注的忧思和爱的关怀中重新矗立起来。

家乡需要我们建的是怎样一座建筑?

早在2009年4月,中共青川县委宣传部、青川县精神文明建设委员会办公室在《关于启动未成年人校外活动中心建设项目的实施意见》(青委宣〔2009〕25

号）中，就提出一个设想："该项目建成后，可为青川县城1.2万多名未成年人提供档次较高的校外活动场所，尽可能地开阔未成年人的视野，陶冶他们的情操，真正起到县城的龙头带动作用，同时，校外活动中心，也可向社会广为开放，使社会更多的人来培养和关心未成年人的健康成长""未成年人思想道德建设是一项有始无终、永无止境的工作，也是一项功在当代、利在千秋的伟业工程。建好这项工程将有利于促进我县的灾后重建工作，特别是未成年人精神家园的恢复重建"。

最初项目启动时文件中确定的建筑面积为1200m^2，拟定项目概算直接投资192万元；但青川县有近4万多名未成年人，怎样为更多少年儿童快乐成长创造更大的优质活动空间，或提供交流服务平台，扩大活动中心建筑面积是一个无法回避的问题；所以几经文件调整，项目建筑面积扩大了460余平方米，加上地形复杂，建造所需经费也一再增加。建筑方案和概念设计几经调整，甚至经过重新设计。因捐建方坚持好事要办好的原则，就项目工程提出局部优化变更，扩大了投资规模。青川县文明办再次报请青川县发改局增加投资规模（青文明办〔2012〕18号），得到县发改局再次批复（青发改发〔2012〕44号），工程估算总投资追加至900万元。

青川县未成年人校外活动中心工程概况：占地面积3136m^2，建成后建筑面积1676.34m^2，[①]总金额9083813.76元（见2015年浙江工程建设监理公司《竣工验收监理总结报告》，不含4D影院），用地北高南低，高差约为4.2m，东侧和北侧为现有道路，南侧为在建体育馆。建筑为2层框架结构，用地东侧布置门厅、爱国主义教育陈列室、多媒体演示教学室及相应的辅助房间，西侧布置美育展览、音乐教室、舞蹈教室及相应的辅助用房。课外活动室层高3.6m，其余房间层高由3.6m到6.3m不等。基础为钢筋混凝土独立基础。设备安装工程包括给水排水、电气、暖通、弱电。

该活动中心在东侧布置门厅、展览、多媒体演示及相应的辅助房间，西侧布置美育展览、音乐教室、舞蹈教室及相应的辅助用房。活动中心功能拓展性强，

注：①不含360m^2架空层面积。

活动丰富多样。能够负责全县青少年学生校外活动和社会实践活动的总体规划、组织落实和管理工作，全县中小学生学科课外辅导和文、体、艺各类特长生的培养、全县心理健康教育辅导站老师的辅导培训，做好问题中小学生的心理健康辅导、全县乡村学校少年宫管理及少年宫（幼儿园）辅导教师的业务培训。

未成年人健康成长的首要条件，就是为他们创设一个健康的学习和生活环境，校外教育是未成年人素质教育的重要载体，未成年人校外活动中心是对少年儿童开展校外教育的重要基地，是与学校教育相互关联、相互补充、促进少年儿童全面发展的实践课堂，是加强未成年人思想道德建设的重要阵地，对于培养少年儿童的实践能力和创新精神，提高少年儿童的艺术修养，促进他们健康成长有着格外重要的作用。

待活动中心建设起来，这里将成为服务全县36个乡镇广大未成年人素质教育的活动平台，并成为学校教育的延伸和有力补充。

尤其需要考虑的是：教育公平和均衡发展问题，既是老百姓关心的热点，也是教育工作者需要关注的焦点。青川县是一个贫困山区和少数民族散杂聚居区，一个贫穷落后的农业县，对我们校外教育工作者来说，教育公平和均衡发展，在现阶段青川县未成年人基层活动的建设、管理和发展中，显得尤为重要。

需要进一步考虑活动中心建设起来后支教和发展的潜力：

（1）开辟农村未成年人思想道德建设阵地；

（2）设立青川县未成年人心理健康辅导中心；

（3）挖掘潜在的教育资源；

（4）提供农村未成年人的课外活动平台；

（5）乡村学校师资培训，为革新农村教师队伍结构助力；

（6）积累城乡学生校外活动实践丰硕的教育经验。

2013年，正在建设中的青川县未成年人校外活动中心，被青川县委和县人民政府列为县新十大民生工程之一。

家乡此一建筑最需要得到援助的事情

汶川大地震后,根据党中央部署,浙江省对口援建青川县。但是本工程项目正式启动时,对口援建已基本结束。这意味着浙江省财政对口划拨资金援建也已结束。在青川县财政极度困难的情况下,来自浙江省的援建活动承担起了帮助筹资和捐建这一工程的责任。

为还原过去十年走过的艰难历程,可以做一简单的叙说:青川县未成年人校外活动中心最需要得到援助的事情,正是震后我们和家乡同伴们一直在坚持做的事情,包括已经做、正在做和希望一直做下去的事情……

（1）企业捐款。援建单位和企业家志愿捐款;

（2）作者捐款。丛书作者将每本书的稿费全部用于捐赠;

（3）单位出力。建筑设计、工程监理、园林和装修工程等单位提供无偿的技术、劳务服务和建材部品;

（4）院校等捐物。院校承诺以实物形式援建未成年人校外活动中心所需的计算机及其网络系统;

（5）安防、消防工程协会捐建安防、消防设备;

（6）艺术家捐艺术品。艺术家创作雕塑作品、画作等捐赠;

（7）出版社捐赠。出版社售书所得按一定比例捐赠;

（8）项目建成后,持续开展帮扶助学贫困学生的活动;邀请院校教师、社会心理和文艺、科技工作者、大学学生会等开展定期教育、辅导、夏令营等有益于本地未成年人健康成长的活动;

（9）其他需要考虑的援建事项。

上述9项内容中,2015年工程竣工前5年多的时间里,最需要得到社会援助的事情是前述7个内容,尤其是随着工程进度的推进,建设经费必须得到保障。这一漫长的曲折过程始终考验着扶贫协作各方的决心和意志。2015年6月1日在竣工仪式上,"爱在青川公益联盟"成立,30多家单位企业和爱心人士参与后续活动,至今每年都有数项富有意义的青少年帮扶活动在青川县举行。

工程奠基,创造性作品的序曲

这炉中之火,能冶炼出一切纯净之物。在经历了工程前期的许多曲折后,2012年6月1日,青川县未成年人校外活动中心奠基仪式在乔庄镇小坝举行。县委、县政府有关领导,浙江省援建方代表和来宾,学生代表,社区群众,县级有关部门负责人,共300余人参加了奠基仪式。

仪式开始,青川县委常委、县委宣传部长马健在主持词中,代表中共青川县委、县政府和全县25万人民,向百忙之中不辞辛劳前来参加奠基仪式的各位领导、各位来宾、各位朋友表示热烈的欢迎和衷心的感谢。他深情地说:"青川未成年人校外活动中心的建设将填补我县校外教育的空白,为我县广大青少年健康快乐成长提供广阔的平台,它必将为我县教育事业的全面发展带来新的生机和活力。"浙江大学建筑设计研究院院长、总建筑师董丹申,电子科技大学计算机学院常务副院长、教授、博士生导师李建平,浙江省住房和城乡建设厅科技委标准化专业委员会常务副主任、《"为了生命和家园"系列丛书》(《工程建设安全技术与管理丛书》)主编徐一骐分别代表援建方讲话祝贺。学生代表发言,表示将永怀感恩之心,努力学习,回报祖国,回报社会,将浙江叔叔阿姨们的爱心火炬一直传递下去。青川县副县长罗家斌代表青川县委、县人民政府向浙江有关援建单位表示了感谢,向参加奠基仪式的各位领导和来宾表示诚挚的欢迎,向关心帮助青川未成年人健康成长的项目捐助者表示崇高的敬意,向为促成项目落地付出心血的各位领导、各位朋友和同志们表示衷心的感谢。他指出,我们要为青少年成长创造良好的外部条件和环境,促进学校教育和校外教育的有机结合和协调发展,共同开创校外教育事业发展的新局面。

浙江省精神文明办处长顾承甫，浙江大学建筑设计研究院副总建筑师陆激，浙江省消防协会秘书长曹瑞明，浙江省公安消防总队技术处工程师蒋妙飞，浙江省绍兴县消防大队长龚承先及青川县有关部门领导出席了奠基仪式。

技术保障和承诺

这是一个按照灾区抗震设防要求而建造的公共建筑。项目的工程勘察、规划、设计、施工、安装、监理和质量安全验收等的整体性技术和管理过程，都是依据国家和行业有关技术标准、规范、规程和设计方法等来构建的。

项目设计概算则是依据四川省工程造价定额计算，通过地方有关部门审核，并在四川省公共资源网经过项目施工的招标投标和公示实现的。

企业和志愿者根据捐赠意愿，与青川县人民政府签订《捐资协议书》，捐建方将捐款直接汇入四川省财政厅专用账户（国家金库四川省分库），在收到捐赠款后，四川省财政厅出具捐资发票；由财政厅根据立项文件将所有捐助资金直接打入青川县财政局捐赠资金专户。

本建设项目在工程施工过程中接受财政、审计、纪检监察部门和捐资单位的监督检查，实行专款专用，严格项目招标投标制度和项目监理制，强化项目安全管理，以确保按时按质按量完成项目建设任务。

该项目属社会公益事业，其项目法人或业主单位归属中共青川县委宣传部、青川县精神文明办。

对本次活动作出贡献的企业和个人名字均在整套丛书中予以统一列出。

活动中心建成后，在适当位置对本次活动作出贡献的企业和个人勒碑纪念，并颁发荣誉证书。

青川县未成年人校外活动中心奠基仪式现场

青川县学生代表发言

援建方代表讲话

喜庆的日子：建筑落成典礼

2015年6月1日上午，汶川大地震7周年刚过，群山拥簇的青川县城乔庄镇，再次迎来了一群远道客人，他们和天真可爱的孩子们一起，挂上了鲜艳的红领巾，同庆六一国际儿童节，又共祝青川县未成年人校外活动中心落成。这意味着青川县4.2万名未成年人有了专属的活动场所。

这是校外活动中心正式投入使用的喜庆日子。青川县委、县政府在现场举行了简朴而又气氛隆重欢快的庆祝仪式。当日，来自浙江省和北京市的46名爱心人士专程赶赴青川，与孩子们共度儿童节并共同种下象征幸福的爱心花作纪念。

这真是个无比开心的日子。来宾们走上建筑东面台阶，共同见证为命名建筑揭牌的神圣时刻。青川县委副书记、县人民政府县长刘自强和援建活动推动方代表徐一骐为"青川县未成年人校外活动中心"、浙江省装饰行业协会会长恽稚荣和浙江省建工集团董事长吴飞为"青川县青少年宫"先后揭牌。这意味着一座充满朝气的青少年活动之家在这里正式启用。

这一切，都是爱心所赋予的。青川县委常委、宣传部部长马健，浙江省委宣传部处长顾承甫、中国建筑工业出版社副社长王延兵、浙江大学建筑设计研究院副总建筑师陆激、广元市文明办副主任王英荣，浙江省公路局处长朱定勤、温州设计集团有限公司党委书记兼董事长金国平、浙江工程建设监理公司总经理金健等代表，以及青川县相关部门、社会群众代表出席仪式。

青川县县委副书记蒲国春在主持词中热情洋溢地欢迎各位远道而来亲人们，他简要地对本援建工程的背景作了介绍，并向长期以来关心和支持青川未成年人事业发展的各界朋友表示衷心的感谢，也祝全县小朋友节日快乐。

根据议程，主持人请少先队员为各位来宾佩戴红领巾。这一刻，一个全新的念头也在我们的心灵中迸发出来——议程所宣布的内容，一如节庆本身，赋予人们以欢乐，同时也让人重温了生而为人的责任。无论是援建者代表和县长的深情讲话，还是宣布"爱在青川公益联盟"成立、县领导为代表们颁发"青川县荣誉市民"证书；无论是出版社赠送书籍和建筑模型，还是代表们和受助学生一起在屋顶花园栽种花卉苗木等活动，都无不承载着对家乡建设的一往情深，无不意味着你与我同享阳光和空气，为祖国的明天踏上新的征程。

感激和属望

感激，长驻源头——
源头在哪？在人间的真情；
在家乡，家乡的乡土乡情，
在百姓的乡愁
融入我们按捺不住的忧思和主动性。

源头在哪？在恒心，
止于至善的努力永不动摇；
人民教给我们的知识，
本应更多地回馈给人民。

感激真情创造出的墨绿！
家乡的花园、森林、草地，
百灵鸟在枝叶间歌唱；
感激园丁们的臂膀、劳动和汗水，
像大海一般纯洁的额头，
秋天头顶上繁星闪烁的夜空。

感激家乡的词语降落，

创造描绘我们的手、发现我们的眼睛；
乡音浇灌我们知识的良心，
踏着岁月火炭的脚步，
从废墟中涌出的奇迹不是梦，
请看一颗颗幼苗身上布满的新芽——

流水淙淙的青竹江，迎着柔和的朝霞，勾画出青川的山山岭岭、村庄和田畴的行踪。大山的儿女跟母亲一样，博爱，承受苦难，也乐观地创造生活：把教育和培养青少年的重任托在双肩。

也正是在这种永续的品性中，提醒我们切不可忘记，5月12日的那场大地震虽然已经离我们渐行渐远，但地震给震区孩子们造成的创伤还远没有抚平。根据我国心理学界发起的蓝十字心理援助计划，提出要用20年时间进行专业、科学、持续关爱的行动。我们选择坚守，选择用建设未成年人精神家园的方式，来帮助孩子们重新找回遗失的美好。由人亲手为孩子们创建的花园需要依赖时光，顺着光阴流转才能得以实现。园丁们将它规划、建设，给它播种、洒水，付之以关怀。

工程援建期间，在受国际金融危机影响，国内经济市场受到较大冲击的环境下，不少民营企业，在克服发展资金短缺和产值、利润大幅度下滑的情况下，参与项目的捐建活动中来，实属不易。

从大地到人，从人到大地，我们深信根植于我们民族的肌体和五千年薪火相传的道德传统，在人们心灵之间流转——在社会需要的时候，发出一份热量和光亮，不管我们是否相识！

同心筑梦，这是一个持续坚持了十年的故事。回首往昔，我们又一次看到了忧思和家乡亲人之间的关联。看今日，朋友们仍然在助长和促成，倾注我们的忧思，实现我们的关怀。不只是把我们心目中这座"青川的花园"建起来，并且真正建设成为一个体现爱的场所。因为家乡建设需要这样一个场所，因为孩子们今后的人生道路需要融合和成长的港湾。

经过近6年的不懈努力，青川的孩子们终于拥有了自己的乐园！这里面有县委、县政府的殷殷关怀，有奉献者们付出的劳动和汗水。如今，我们还在用行动续写着家园之爱的故事，为青川数万名少年儿童的健康成长而出力。能做这样的事情非常开心，因为他们是祖国的花朵，更是祖国未来家园建设的生力军。

来吧，放下你手里的活计，心平气静地讲讲遇到的故事，为青川祝福和祈祷。我们只求：自己的劳绩，有一些，能留存，起作用，效力于未来岁月。

（荷林　诗、文）

活动中心的捐建充分体现了浙江人民的深情厚谊

刘自强

尊敬的各位领导，各位来宾，同志们，小朋友们：

大家上午好！

今天，我们在这里隆重举行青川未成年人校外活动中心建设竣工仪式。在此，我谨代表中共青川县委、县人民政府表示热烈祝贺，向参加竣工仪式的各位领导、各位来宾表示诚挚的欢迎，向关心帮助青川未成年人健康成长的项目捐建者表示崇高的敬意！向为促成项目落地付出心血的各位领导、各位朋友和同志们表示衷心的感谢！

青川县未成年人校外活动中心是浙江灾后重建捐建项目，是青川县目前唯一一所未成年人专用校外活动场所。占地面积3136m^2，建筑面积2041.46m^2，[①]总投资1100余万元。活动中心项目由《"为了生命和家园"系列丛书》(《工程建设安全技术与管理丛书》)全体作者、浙江大学建筑设计研究院、浙江亚克制药有限公司（海南亚洲制药股份有限公司）、浙江省建工集团有限责任公司、浙江中南控股集团、浙江省建筑装饰行业协会、中国建筑工业出版社等单位、企业、团队和

注：本文为中共青川县委副书记、青川县人民政府县长刘自强，2015年6月1日在青川县未成年人校外活动中心竣工仪式上的讲话。题目系编者所加。

注：①含架空层面积。

个人捐建,充分体现了浙江人民的深情厚谊。该项目的建成填补了我县校外教育的空白,标志着我县校外教育进入了规范化、科学化的发展时期。

我们要充分发挥校外活动中心的培训、指导和育人功能,始终明确为青少年服务的发展方向,坚持以育人为目标、以服务为宗旨、以需求为导向、以活动为载体,围绕进一步加强和改进未成年人思想道德建设和青少年素质教育的工作主题,把活动中心建设成为开展青少年活动的重要阵地、引导青少年健康成长的重要乐园、推进青少年素质训练的培训基地、传播精神文明的重要窗口,为青少年成长创造良好的外部条件和环境,促进学校教育和校外教育的有机结合和协调发展,共同开创校外教育事业发展的新局面。

各位领导、同志们,有浙江人民的无私援助,有县委、县政府的坚强领导,有各界朋友的大力支持,青川未成年人校外活动中心一定能更好地为广大未成年人发展服务!

最后,再次感谢各位领导、各位来宾的光临!恭祝身体健康,工作顺利!值此"六一"国际儿童节之际,祝愿各位同学及全县少年儿童节日快乐!

青川工程给了我们报效祖国的机会

徐一骐

注:本文为援建方代表徐一骐,2015年6月1日在青川县未成年人校外活动中心竣工仪式上的讲话,题目系编者所加。

尊敬的各位来宾:

今天,又到了六一国际儿童节,我们欢聚一堂,参加青川县未成年人校外活动中心工程的竣工仪式。在这燃烧和铭记的时刻,我们跟青川县父老乡亲和少年儿童们一起,共同感知我们生命中一段爱的奇迹。

数年前的今天,我们曾站在这里,立下誓言。在朋友们共献爱心和关怀下,援建活动一路走来,在克服了许多难以想象的困难之后,工程终于竣工了。孩子们终于又重新拥有了自己的乐园。让我们由衷地袒露出一个灿烂、欢快的笑容吧！

我们的援建活动得到了中共青川县委、县人民政府的高度重视，也得到了浙江省精神文明办的关怀。青川工程给了我们报效祖国的机会，有限的生命中我们所有的积极行动，都是为了活出人生的意义。做科研、写文章不要看发表过多少，更要看你给这片大地、给这里的百姓留下了什么，看你为祖国霜红似火的果园奉献了什么。

数年来，援建工程先后得到60余家单位、团队和许多爱心人士的默默支持、关怀、鼓励和援助，这体现了人间的大爱！在这里，我谨代表援建方，向所有关心这一工程的朋友们表示最真诚的感谢！

当一个作品从外观去看，或许只是每个捐建单位、团体和参与者从爱心奉献中打造出来的一小块，只是钻石的一个小侧面，然而钻石内聚的光芒则是无边无垠的。这样的光芒来自人性向往理想的意愿，它存在于博爱的心灵中，存在于对祖国家园建设的无限忠诚中。

我们说投入一场自发的援建活动，营造一块3000多平方米的土地是一个服务社会的成功例证。恰恰因为风险和困难如此之大，建筑和园艺的成功才会带来如此罕见的欢快！唯有亲身参与营造土地的劳作，我们才能懂得，在自己坚守了近六年的这块土地上，生命必须克服多大的艰难，方能交出一份让青川人民满意的答卷。

我们刚好赶上了重建青川县未成年人精神家园的机会，为青川人民做些微薄的贡献。我跟丛书的作者朋友们说，我们的作品要通过像中国建筑工业出版社这样的大型出版社发表出来，但是我们更要通过丛书援建活动搭建一个平台，解决工程中的实际问题，把我们的书当成铺路的石子，铺在祖国大地上，只有真正眷恋脚下的热土才甘愿接地气，才愿意把自己的学问和祖国的发展联系起来，学以致用。

活动中心建成后将为青川县近5万名未成年人提供健康成长的校外服务，并成为凝聚青少年教育的活动平台，对加强全县广大未成年人思想道德建设、推进素质教育、建设社会主义精神文明具有十分重要的意义。

我们很乐意期待，生活在一座时而安静、时而欢快和熟悉的乐园里，每位少年儿童和自己的同伴在一起，从许多富有启发性和创造性的活动中成长起来，在这里，通过语言、交流，培养动手能力和认知意义世界的能力，成为一个接受、融合的港湾，就像阳光雨露中，生长在土地中的一粒粒种子，是一个发生系统，它将助成我们的小朋友千百万微小的有益活动，以形成整体的力量。

在青川，我们的选择是对的。给孩子们提供再多的帮助也不为过。让人感到欣慰的是，尽管悲剧发生在许多青少年家庭和他们自己身上，但他们还是用一种非同寻常的方式重拾生活、学习的信心。这对他们来说并不容易。

我们希望活动中心建成后，全县36个乡镇学校的孩子们能轮流地来这里参加各类活动。活动中心也是一个俱乐部，我们都是这里的成员。能够在校园以外组织这样的活动，我们感到很幸运，我们会心存感激，与此同时我们还可以了解到，孩子们都很喜欢这里。这非常特别。对我们大家来说，这是一种享受。我们希望通过孩子们的交流互动和学习，通过孩子们自己把更多的知识传递给他们的家庭成员和邻里。

各位来宾，朋友们：青川县的父老乡亲多么渴望把这个落后的农业县建设得繁荣起来，他们渴望结交更多这样的朋友。让我们共同去创造一个环境，以使家园变得更美好，让孩子们在家乡松软的土地上奔跑、取暖，让爱的骄阳永远陪伴着他们！

敞开你的怀抱，你的心胸，去拥抱家乡建设的感受——用夏天的雨水，去悉心浇灌那些幼苗吧！让你的关怀，和青川县青少年的健康成长融合在一起！

筑 景 掠 影

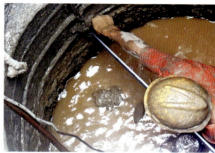

浙江工程建设监理公司供稿

青川县文明办供稿

在现有的基础上加上格桑花，
以铁艺的形式，后期喷漆

浙江诚邦园林规划设计院提供

奠基仪式

右图左起：李建平、蒋妙飞、曹瑞明、徐一骐、董丹申、顾承甫、马健、罗家斌、陆激、龚承先、苟蔚栋

竣工仪式

援建活动推动方代表徐一骐先生和青川县人民政府刘自强县长为"青川县未成年人校外活动中心"揭牌

浙江省装饰行业协会恽稚荣会长和浙江省建工集团吴飞董事长为"青川县青少年宫"揭牌

"爱在青川公益联盟"成立

青川县委副书记、青川县人民政府县长刘自强2015年6月1日在青川县未成年人校外活动中心竣工仪式上发表讲话

青川县人民政府授予66位单位代表和爱心人士"青川县荣誉市民"证书

王延兵副社长（右）代表中国建筑工业出版社向活动中心赠送书籍、建筑模型等，左为青川县委宣传部副部长、县文明办主任苟蔚栋

浙江援建干部与马健同志（中）合影，顾承甫（右）、朱定勤（左）

丛书主创人员、浙江装饰行业及中国建筑工业出版社代表合影

援建单位代表与青川县贫困学生合影

援建单位代表们和少年儿童在屋顶花坛同栽花卉苗木

匠 心 篇

第一套方案 · 2010 年 10 月
第二套方案 · 2011 年 11 月

————————

立面方案调整 · 2014 年 7 月
主题喷雕

————————

室内空间立面
室内立面装饰点位图
园林景观方案
LOGO 设计
4D 影院设施安装布局图
建成实景一览

第一套方案·2010年10月

浙江大学建筑设计研究院有限公司

丰富的活动场地

功能分析图

文娱活动

爱国主义展览教育

整合

色彩概念

一层平面图

二层平面图

透视效果图

第二套方案·2011年11月

地质地貌发生变化后　浙江大学建筑设计研究院有限公司

设计策略：
设置跨越场地的连续的活动平台，最大化活动场地

场地条件的变化

立面概念

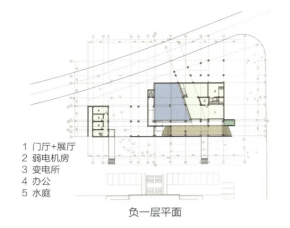

1 门厅+展厅
2 弱电机房
3 变电所
4 办公
5 水庭

负一层平面

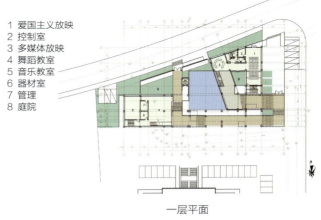

1 爱国主义放映
2 控制室
3 多媒体放映
4 舞蹈教室
5 音乐教室
6 器材室
7 管理
8 庭院

一层平面

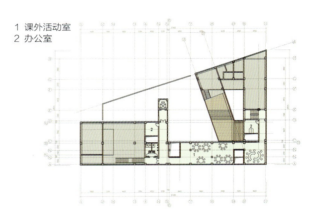

1 课外活动室
2 办公室

二层平面

青川·未成年人校外活动中心方案设计 ▎透视图

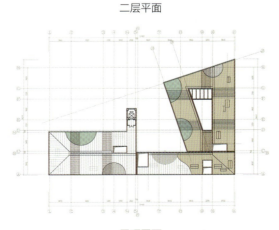

屋顶平面

立面方案调整·2014年7月
浙江大学建筑设计研究院有限公司　树形由郭夏斌绘制

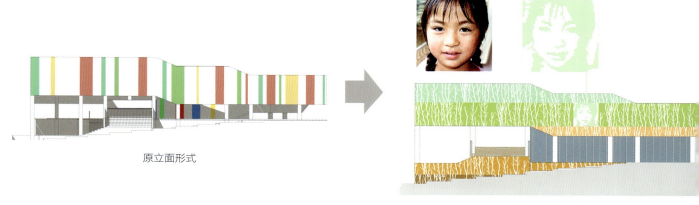

原立面形式　　　　　　　　　　　　　调整后立面形式

纵剖面图1

施工步骤

第一步：外墙上刷白色涂料

第二步：在外墙上贴排列成形的树枝

纵剖面图2

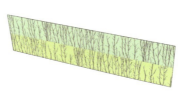

第三步：在外墙上喷涂涂料

第四步：拿掉排列成形的树枝

主题喷雕

[澳]吕·卡尔·卫民 Karl weiming Lü
草图设计

杭州雕塑院　林岗
效果图合成

浙江诚邦园林规划设计院
施工图设计

音乐喷泉剖面图　水池模型浙江诚邦园林规划设计院

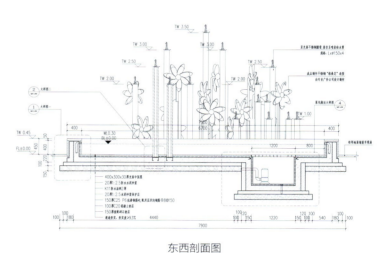

东西剖面图

南北剖面图

室内空间立面

浙江省武林装饰集团有限公司设计院

室内装饰效果图

室内立面装饰点位图

中国美术学院风景建筑设计研究院

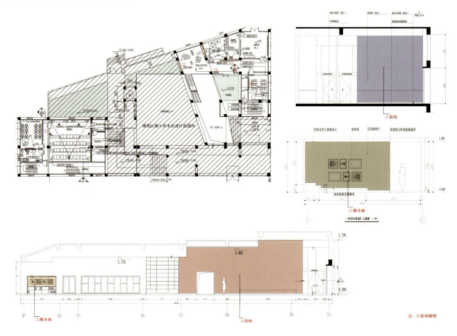

园林景观方案
浙江诚邦园林规划设计院方案

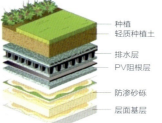

结构模型图

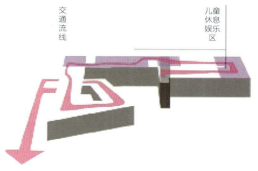

景观设计概念图

总平标注

LOGO设计
马颐真

青川未成年人校外活动中心LOGO设计

C:5 M:21 Y:86 K:0
C:0 M:82 Y:94 K:0
C:16 M:99 Y:100 K:0
C:92 M:76 Y:0 K:0

灵感图：

LOGO排列样式：

设计思路：
　　设计的灵感来源于雪域高原的格桑花。格桑花开在高原，在极寒的恶劣环境里却坚强地盛开，颜色鲜艳美丽。我将三个欢呼的小孩的形象与格桑花的花朵结合，形成一朵美丽别致的格桑花。logo选取了鲜艳的红色、橘红色和橘黄色，橘红调颜色温暖活泼且充满活力，寄希望震后的青川能够重新发展，受到创作的孩子们能够坚强、快乐地成长，忘记痛苦，美丽绽放。

4D影院设施安装布局图
浙江中南建设集团

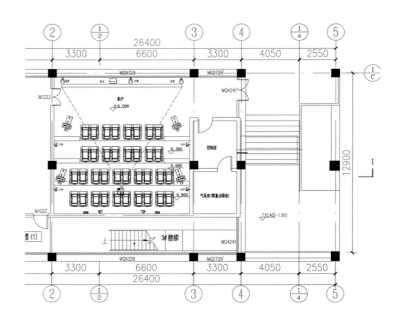

建成实景一览

浙江大学建筑设计研究院供稿，章勇等摄

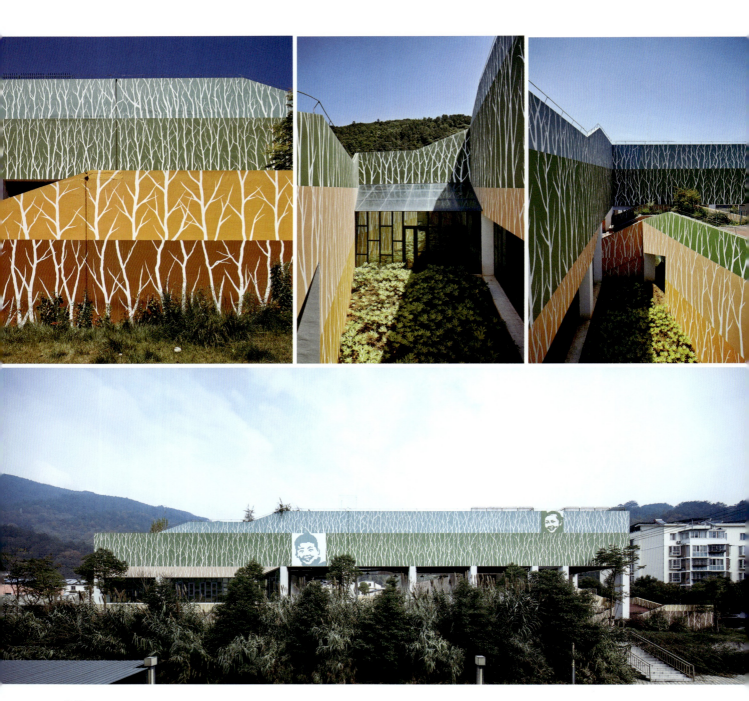

协作篇

为了大山里的孩子——写在《家园之爱话匠心——四川省青川县未成年人校外活动
　　中心建设纪实》出版之际（马健）
手绘的地域性（陆激）
巍巍青川（甘欣）
爱洒少年总是情（刘成林）

——————

青川日记（王海金）
修房记忆（苟蔚栋）
因地制宜（蔡梦雷）
浙江援建奉真情　部门支持献爱心——青川县未成年人校外活动中心项目建设
　　过程忆点滴（熊凯）
青川援建记忆（楼建勇）

——————

与青川建筑的交谈（张威）
情系四海　命运乐章——"命运交响喷雕景观作品"的越洋创作设计与施工建设
　　合作过程及对灾区人民与青少年的寄语（吕·卡尔·卫民　Karl Weiming Lü）
为爱而写（邓铭庭）
如格桑花般美丽绽放（马颐真）
附件：工程技术处理专家来信建议

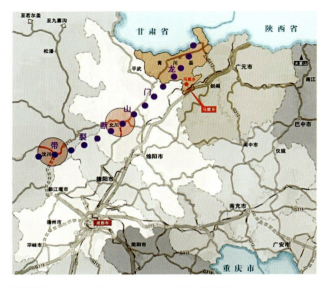 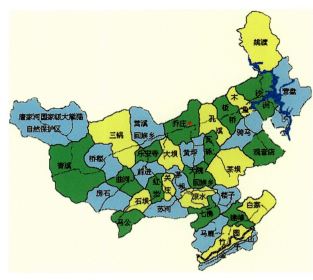

汶川"5.12"大地震龙门山断裂带示意图　　青川县36个乡镇分布示意图

为了大山里的孩子

——写在《家园之爱话匠心——四川省青川县未成年人校外活动中心建设纪实》出版之际

马健

一

在青川县城的乔庄河畔，有一座建筑格外引人注目，它就是青川历史上第一座未成年人校外活动中心，大山里4万多名孩子健康成长的乐园。

每一个青川孩子的心里，有一位亲爱的身影永远不会忘记，他就是大家心中和蔼可亲的徐伯伯，他和他的朋友们栽下的幸福之树早已青翠欲滴。

感恩的青川人早已铭记，为了一句承诺，他奔波近六年筹资数百万，偏远山规划介绍:"青川县城乔庄镇作为'5.12'极重灾区之一,灾后恢复重建大量事关群众生活急需的公共服务设施、基础服务设施项目,大地震发生后急需在空间上选址落实。规划显示空间紧凑、布局余地小,现状复杂,实施要求高;针对乔庄镇区存在地质灾害隐患点和北侧有地质断裂带通过的特殊情况,以保障人民群众生命财产安全为前提,避让地震断裂带和地质灾害影响区进行规划建设。"

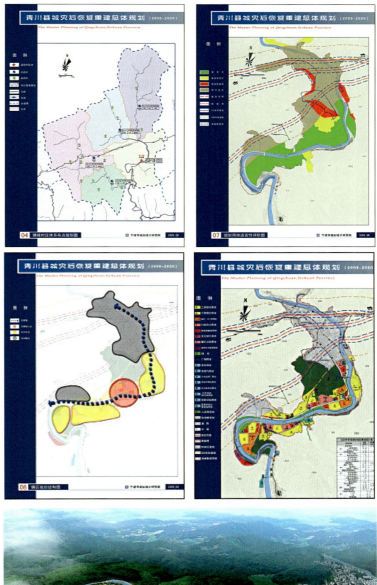

青川县城灾后恢复重建总体规划(2008—2020)
宁波市城乡规划设计研究院供稿

县未成年人校外活动中心位置所在

路上留下了他深深的脚印,人们在争相传颂着一个名字:徐一骐。

  我与徐一骐先生认识是在2008年"5.12"特大地震以后,在那场灾难中,他与包括我在内的很多青川人建立了深厚的友谊。也就是从那时起,他就为搭建爱的桥梁而开始忙碌。10年来,为了青川大山里的孩子们健康快乐成长,徐先生可谓呕心沥血。他多方奔走,将一份份无私的爱,点点滴滴注入每个青川孩子的心里。我由衷地说,这一切至今依旧历历在目。

二

  2009年春节刚过,青川县未成年人校外活动中心建设的事情提上了议事日程。我当时任县委常委、宣传部长。为了这个公益事业在青川圆满落地,为了给徐先生以及浙江大学建筑设计研究院、海南亚洲药业集团等爱心企业、爱心人士一个满意的感恩回报，在召集相关部门负责人开会研究时，我对大家这样说，这个爱心捐赠项目额度大，一些单位和爱心人士捐赠意愿强，特别是徐一骐先生为之付出的诸多努力，我们一定要把这笔捐赠金用在刀刃上，让捐赠方满意，为青川人民造福。最终，这项工程由中共青川县委宣传部牵头，县精神文明办落实，一切按照捐赠方的要求和徐先生的想法，做好相关规划，严格按照正规流程操作。为规范推进项目进程，2009年4月，县委宣传部、县精神文明办出台了《关于启动未成年人校外活动中心建设项目的实施意见》，围绕项目建设，我们做了大量协调和准备工作，县委县政府在用地方面给予了大力支持，主要领导表示：县城用地再紧张也要拿出地来修建青川县未成年人校外活动中心，并要求相关部门快速办理相关手续。经过前期的精心准备，项目前期资金很快到位。

在灾后重建中，校园建筑的抗震性能无疑是备受关注的，这是安全性方面的需求；县城乔庄镇土地资源又极其有限，但校外活动中心的许多功能又要满足，其建筑介入基地环境的适宜性必须考虑；但是最主要的是，从规划的角度看，须平衡好活动中心的当前需求与长远使用。这三方面，正是设计对"因形就势、科学重建"的综合考虑。

三

他是这样一位公民，自从"5.12"特大地震发生后，便情系灾区，决心要为灾区人民做些有意义的事。随着灾后重建工作顺利启动，他四处打听、慎重考虑，最终选好一个援建项目，接着说干就干。其间，资金短缺几乎成为他的一块心病，但满腔热血从未冷却过，他通过盘活人脉、巧用智慧、真情感化，最终冲破层层阻力，顺利渡过难关，花费近6年时间，在四川青川灾区建成了一座高规格的少年儿童之家。这就是上面提及的徐先生，其时他是浙江省某省级机关的一位机关干部，房屋建成时他即将退休。

那么，一位浙江杭州人，为何与青川有着如此深的渊源？话还得从头说起。

那场突如其来的灾难中,木鱼中学校舍的倒塌和几百名学生的遇难,深深刺痛了他的心,从那时起,他就一直想着,一定要为青川孩子做些事。"5.12"特大地震发生后,徐一骐被单位分派到成都参加新修订的国家标准《抗震设计规范》师资班培训。当他从新闻上看到木鱼中学倒塌致使280多名师生遇难的报道后,心痛不已,曾多次向单位申请到青川救灾,但由于各方面原因未能实现。灾难之后,如火如荼的灾后重建工作开始了,但当徐一骐去争取援建木鱼中学的项目时,学校早已被对口援建,这不免让他留下深深的遗憾。

"那段时间我总是睡不好觉,因为总想为青川的孩子们做些什么。"在我们的交流中,徐先生的言语中带着某些遗憾,但他始终不肯放弃。埋下这样的情结后,他四处打听,终于通过多方关系打听到青川还有两个项目没有援建。"少年强则国强,孩子们的教育太重要了。"经过慎重考虑,徐一骐最终在两个项目中选择了未成年人校外活动中心这个项目。当时援建工作组的领导有些为难地说,项目可以给,但经费是个大问题。而他却毫不犹豫地答应了。这令现场的我感动不已。

可要到哪里去筹数百万元的援建款呢?徐一骐没放过任何可筹款的机会。2009年年初,他在温州东瓯建设集团一名年轻董事帮助下,找到温州市瓯海区慈善总会,长达近6年的筹款之路就此拉开序幕。"因为他欠我一个人情,所以我就一直盯着他,隔三岔五给他打电话,足足磨了数个月嘴皮子,终于筹到了第一笔捐款100万元。"后来徐一骐告诉我,收到捐款的那天他心情特别好,滴酒不沾的他当晚还喝了二两小酒庆祝。

俗话说,平时再要好的朋友,一说到钱就变得不亲热了。徐一骐对此也深有体会。"有婉言拒绝的;也有口头说得好,但最后连电话也不接的……"他说,因为筹款的事他已经用完了所有能用的人际关系,碰钉子的时候实在太多了,每晚睡觉时脑子里想的全是这事。

最令我感动的是,徐先生的父母为了能减轻他的负担,将自己的6万元退休金捐了出来。当父亲病危他守在医院照顾,直至父亲离世时,在他和我通电话中依旧念念不忘处理有关活动中心的事情。在这个项目最困难时候,他差点卖掉自己的住房。在与徐先生的交流中，他的一席话让青川的很多干部为之动容："钱财不过是身外之物，生不带来，死不带去。人只有成为别人，才能成为自己。只有感同身受，才能全身心付出。"

当时，由于建设成本的增加等各种因素，校外活动中心一再追加预算，从刚开始的不过200万元到近千万元。而徐先生在长达近六年的时间里说服浙江省60多家爱心企业和爱心人士，共筹得善款900余万元。所以说，如果没有徐一骐，就没有青川未成年人校外活动中心。

活动中心的后续工程，仍有大量工作需要完善，他一直牵挂于心，没有停止忙碌的脚步。

四

"得黄金百斤，不如得季布一诺"，此乃"千金一诺"之由来。"诚信公民"徐一骐用其感动人心的实际行动，谱写了一首信义新曲，演绎了现代的"千金一诺"。

为了这"一诺"他执着坚守，诚信如山。其实，一个人做一件好事或许并不难，而难就难在拥有一份长期的执着和坚守。他用近六年的时间，与灾区人民从素不相识到相守相依，正是他的执着和坚守，感动了亲人和朋友，直到将青川县未成年人校外活动中心建成。

他所做的这一切，都源于爱的支撑，那份执着与坚守，更显责任与担当。2015年6月，徐一骐被授予青川县"荣誉市民"，2016年，荣登"中国好人榜"。

我不会忘记，2016年6月4日，那是激动人心的一天，那是令青川许多老百姓为之动容的一天。这一天，徐一骐同志先进事迹报告会在青川县文化中心影剧院隆重举行。县长刘自强向徐一骐先生颁发了"中国好人"荣誉证书，我当时任县委常委、宣传部长，主持了这场报告会，副县长罗家斌等作了徐先生事迹报告，县级单位干部、职工和部分中小学校教师、学生代表和各地闻讯而来的群众千余人参加了报告会。用心聆听徐一骐的先进事迹，从中汲取奋进的力量。"上天生下我们,是要让我们当作火炬,不是照亮自己,而是普照世界。"他心系灾区、情系青川,他温和善良、谦逊内敛,他很优雅、很朴实、很务实、不多言谈,他是一个平凡的人、一个值得我们仰视的人,他为了青川未成年人的健康成长,一直坚持自己的爱心慈善事业,无论遇到多大的困难,无时无刻不在倾其所能。报告会上,报告团成员以深情朴实的语言、生动感人的故事,从不同角度、不同层面诠释了徐一骐同志对青川教育的无私奉献,使与会人员受到极大的震撼和深刻的教育。

五

如今,爱心还在延续。徐一骐先生和他的朋友们经过多年的不懈努力,不仅筹到了最困难的资金,而且克服了重重意想不到的艰难曲折,终于在2015年六一国际儿童节前夕建成了非常美丽的青川县少年儿童之家,而且成立了"爱在青川公益联盟",用行动续写着一个个感人至深的励志故事。

这项工程也是一个根据抗震设计标准规范、质量安全要求和灾区未成年人健康成长需求而设计、建设起来的民生工程。徐一骐、董丹申、顾承甫、陆激、甘欣等浙江的工程技术和管理人员多次来川实地调研,现场指导,解决具体问题。浙江大学建筑设计研究院提供的这一设计作品,构思巧妙,造型优美,倾注了设计人员和工程师们的劳动和汗水。在工程的后续建设中,有更多的爱心单位和爱心人士参与进来。

在太多的人容忍自己俗务缠身,把注意力消耗在无关紧要的细枝末节,索然无味地打发着日复一日的时光,徐先生和他的朋友们,却为了让灾区孩子们能够接受更良好的健康教育,而数年如一日地坚持着。

十年来,"诚信公民"情系灾区,无私奉献,不求回报,更不为名利,一心只为孩子们的美好人生铺路搭桥。为了这个援建项目,他把生命中最宝贵的时间毫无保留地献给灾区人民,就连在医院照顾重病父亲的那些日子,都没有放下手头工作,还在电话中处理活动中心的相关事情。为了充实项目资金,他捐出自己的收入积累，包括工资所得和稿费，甚至在最困难时候，还差点卖掉自己的住房。

十年来，来自浙江和北京等地的爱心企业和爱心人士同舟共济，怀抱着对社会负责、对公益事业负责的高度责任感，齐心共建更加美好的家园、社会和世界。青川的灾后重建，深深地牵动了他们的关爱之心。他们的行动诠释了人间的大爱，让我们深深感受到，因为我们每个人并不是孤立的存在，而是无数个独立个体的集合，是一个相辅相成、不可分割的整体，显然不能仅为个人而活。

目前，县里正全力以赴决战决胜脱贫工作。根据县委、县政府的工作部署，2018年全县要脱贫摘帽。青川县是东西部扶贫协作浙江省对口帮扶贫困县，青川教育脱贫面广、量大、任务艰巨，数年来"爱在青川公益联盟"围绕全县建档立卡、对贫困家庭就学难开展结对帮扶、临时求助等形式多样的帮扶活动，伸出援手，助力于青川教育脱贫活动。

从他们的无私援助中，让人感受到这份情感正是植根于祖国的文化传统。爱的力量无坚不摧，有梦就会有奇迹。可以说，从"诚信公民"用爱心铸就的梦想，孜孜不倦的付出，到青川家园的亲人们为灾区孩子们撑起一片蓝天；这满满的正能量，让我们深刻体会到人间自有真情在。这种无私奉献、执着坚守的精神，在这片多情的土地上，早已撒下希望的种子，这些用爱心包裹的种子，早已在青川生根、发芽、开花、结果，必将芬芳满园。

手绘的地域性

陆激

青川县未成年人校外活动中心于2009年开始筹划，由浙江省民间爱心人士捐资兴建，我们也作为赞助的一员，免费设计。建筑面积2043m^2的小房子，从概念、设计到施工，历时6年，于2015年竣工交付使用。都说创意源于轻松，因为是小房子，相对容易把握，也就有余地发挥，有机会做点不一样的事。然而这栋房子，却是磨出来的。原本的方案完全是另外一个构想，却因为意外，不得不中途改弦易辙。最后，项目组从踏勘现场、设计方案、交流沟通、绘制图纸、审批备案、重勘基地、重做方案、再改图纸、招标评标、开工建设、核定造价、修改标准、现场配合、检查验收……历经周折，能建成全靠两个字：坚持。

中心选址于青川县政府所在乔庄镇。3136m²的基地东、北二侧邻路，隔路为民宅，南侧贴临新建体育馆，西侧用地预留建设。基地东西长、南北浅，南低北高落差2.4m。2010年第一次踏勘工地时，场地中央有一组三颗大树，记得是榆树，参差摇曳，亭亭如盖。最初构思即围绕此三颗大树而来：因基地较浅，故按川地民居"三合头"宅院形制，抱树成院，以院为心；同时顺应南北高差，层层自然跌落成三级台地。建筑跟着地势，空间上下穿插，自然天成。而整个方案中最重要的，就是那三棵大树。

概念出来后，与有关各方对接顺利。之后方案、初设和施工图一路完成设计。本以为就等着开工了，可造房子这件事永远会有意外。最初传来的消息是，那三棵树没了。尽管非常难过和遗憾，失去这"原住民"，基地被抽走了灵魂，但空院子在，也算留下了另一种记忆痕迹。不料这居然还不是最坏的消息，之后我们被告知，因南侧体育馆施工场地排水需要，基地被整个掘开成了一个大坑。有一定结构知识者应该都知道，场地原始土层非常宝贵，尤其对采用天然地基的低层建筑而言更加如此。本就经费紧张，这绝对是个噩耗。关键还不可逆：重新回填，固然可在表面上恢复原状，但新土无论怎么分层夯实，也不可能作为可靠的承载地基。而且，原方案顺应地形自然跌落的概念也没意义了。此时抱怨和责难都于事无补，建筑师能做的，只能重新再来。

面对破碎的基地，最好的办法是抬起来。与分层筑台相似，吊脚楼也是山地建筑另一种常见形式。建筑由框架支撑脱离地面，单柱独立承台，各自处理基地标高，化繁为简应对复杂地形。新方案即以此为动机，重新构思。

先将建筑用柱子抬离地面，再压扁院子，将原本凹字形的建筑干脆环成回

注：项目负责人：董丹申、陆激

建筑：陆激、蔡梦雷、殷农

结构：张杰、曾凯

给排水：王靖华、雍小龙、王小红

电气：李平、冯百乐

弱电：杨国忠、王雷

经济：严明、帅朝晖

字。借用南北高差和空间变化，将建筑屋面与地面环形对接，整座房子盘旋而上，内外一体，能让孩子们在建筑全身上下自在奔跑。这不是在玩空间趣味，是使用的需要：孩子们可方便到达利用的场地，大大增加了以有限的建筑面积实现最大的活动空间，是环形方案的动机。

新方案还根据之前拟邀某厂家捐赠的外墙装饰材料——薄壁陶板，采用了一个很特殊的策略。薄壁陶板板型为厚6mm×宽600mm×高2400mm，可有各种颜色，可裁切，可干挂也可湿贴。设计特别选用了四色薄壁陶瓷，将外表面根据板材模数做了细致入微的调节，顺应空间内外一体、无缝对接的概念，将建筑表皮做成五彩的色带，曲折盘旋而上。薄壁陶瓷材料还有个特点——可自由烧制图案纹样，所以应使用方要求，设计在建筑外表面自然嵌合了8幅孩子们的笑脸图案。跟随材料的逻辑做的设计，貌似新鲜，其实是传统的常见手法。

之后一切还算顺利。

等结构结顶，另一个意外来袭。这次却有关于造价：超了。限额设计之重要，建筑师再次上了一课。创作受限于经费，但设计超过概算预算也屡见不鲜，通常业主会买单。不过中心是捐赠项目，经费虽也有追加，毕竟有限。再三斟酌，最终取消了昂贵的薄壁陶瓷外墙板材。尽管只是表面装饰材料，如前文所述，这是方案生成体系里一个关键性的因素，简单改成不同色彩的涂料外墙，显然不是最佳选择。

不屈不挠也许是建筑师除了专业能力外的另一个必备素质，材料廉价，何不通过设计和工艺来创造不廉价的质地。由青川满山遍野的树枝提供灵感，或者是还在怀念之前基地上的那三棵大树，建筑师提出了一种特殊表面肌理的制作方式——当时认为这是一种廉价而又可行的方式。如图所示，就是普通涂料外墙，在表面白色底漆之上，钉满用山野随意捡拾而来树枝，之后再喷上彩色罩面漆；等涂层干透之后，将树枝去除，之前钉有树枝处会留白，而树枝间隙则会被填上彩色。这样，墙面就会留下树枝枝杈的剪影，枝枝杈杈构成一种特殊的表面肌理。彩色的树影投落在建筑外墙上，最终形成奇幻的效果。

其实，按建筑师的原初构想，是用那些枝杈作为模板，在外墙粉刷时，将枝条刻印在水泥砂浆表面，形成凹凸质感的树影。不过，这么做对施工单位的要求更高，只是想想，直接在脑海里放弃了。

这是手工，很原始但也很"高级"。建筑业的快速发展使建筑失去了手工时代的那种很珍贵的特质：一是弹性，基本一致而略有区别，避免了刻板；二是生动，似乎带有制作者的呼吸节奏，甚至留有制作者的指纹；三是意外，手工总会有部分不可控，容易有意外，但手工的意外也可能是惊喜；最后是缺陷，完美有时并非最好，缺陷也是美。

说起工业化，过去30年建筑行业大热，建筑的工业化却有所倒退。大量民工只进行很简单的培训就匆匆上岗，靠粗陋的技术和粗糙的建造体系，单纯以堆砌来充工程量。同样是人工，过去泥瓦匠、木匠的灵性在多数场合已失传。靠数量堆砌的人工，有手工的粗陋，无手工的灵性；有工业化的冷硬，无工业化的精准。现在国家大力提倡建筑工业化和装配式建筑，旨在将建筑制造从现场移至工厂，从交给民工到交给熟练的产业工人，正是重现"大国匠心"的正确路径。当然，任重而道远，需要全行业系统地梳理和重建。

所以，也正因为是人工，建筑师美好的愿望再次受挫于谈判桌前。很简单，平涂有多容易，"树枝模板"就有多麻烦。多出来的人工，没有出处。施工单位为了反对，提出各种理由和要求，以至于最后建筑师分别为每一面墙放了样。考虑到成本，考虑到重复才是生产力，建筑师还特地精心设计了一组树枝纹样，可以重复，但排列起来重复感并不明显。这样，施工单位有可能以此来制作小面积可重复利用的"树枝模板"，有自然的效果，但不必整个墙面去覆树枝。然而，建筑师的辛苦没起作用，因为人工工作量的问题，施工单位始终不愿意按既定的构想去实施。

好在有业主方的支持，所以最后故事以意想不到的戏剧化情结收场：施工单位找来一位有一定绘画基础的师傅，按建筑师的放样稿，居然每天喝着小酒，一笔笔把树枝图案画到了建筑上。这真是一种令人哭笑不得的结局，让人既失望又欣慰。首先，以绘画的方式来完成任务，与建筑师原本的构想相去甚远。"树枝模板"是一种制作过程，利用树枝天然的姿态，来获得生动的表面纹样和肌理，这是一种靠近自然的做法；但"画树枝"却像是描红，人画树枝，哪会有天然树枝的生命力，一定是刻板的。这是失望。其次，如果早知道会以绘画的方式来完成图样，其实建筑师完全可以另外设计一套图案体系，让师傅来画的。建筑表面的手工描绘，诸如彩画等，有相当长的传统，也是很有意味的一种方式，建筑彩画有它自己的逻辑体系，用人工去画树枝，浪费了。施工单位为了绕开争议，没跟建筑师商量，错过了本来很有趣也同样很"高级"的效果，等建筑师知道，墙画了一大半，来不及了。这是令人哭笑不得的失望。

好在手工自有它的规律和生命，描树枝的师傅是个有趣而心思单纯的人，看得出，在最初的生涩与无感后，他显然迅速爱上了在墙上画树枝这个有点奇葩的工作，并画得不亦乐乎。手工的生命源自欢喜，源自在制作过程中心灵的平静和喜乐。所以是这位师傅，将失望变成了欣慰。从最后完成的"树影"墙绘来看，那些画上去的树枝，看起来并不干枯。它们的姿态也许有点随意，那种随意其实是惊喜；画面也许有点生涩，那种生涩其实会思想；笔触也许有点柔软，那种柔软其实是人性。一座手绘表皮的建筑，一群捐赠者，一个建筑师，一个匠人，和一个给孩子们的有故事的场所。

谢谢这位师傅，是他为这个历经波折的项目，画上了一个还算圆满的句号和开心的结局。

建筑属于它的基地，是一个生长的过程。生长是活生生的，它最后经常会跟最初在图纸上的样子有所不同。这种不同，有时是失误，有时是遗憾，难以避免；但有时，也会是一种美好。建筑总是会像有自己的生命，最终长成它本来应该成为的那个样子。青川青少年课外活动中心，就像画在外墙上蓬勃的树影，就像画在外墙上孩子们的笑脸，就像真正在其中奔跑的孩子，以它自己的方式，与时间共同生长，成为在大震灾后，献给生命的那一份美好。

2016年11月于西溪求是园

巍巍青川

甘欣

记得2010年7月中旬的一天上午,浙江大学建筑设计研究院勘察分院院长周群建将我叫到办公室。

"交给你一个任务:由浙江省住房城乡建设厅徐一骐先生牵头,浙江省民间爱心人士捐助,计划到四川省青川县乔庄镇援建一幢青少年活动中心。该项目设计任务由总院完成,我们分院负责岩土工程勘察工作。这项工作就交给你了,你准备准备,下周和徐处、陆激所长等相关人员去现场开展工作。"接到任务后,我按下激动的心情,理了理思绪,和相关人员联系后确定好了出发时间。

2010年7月20日一早,徐处、陆所和我一起乘飞机直奔四川广元。下了飞机,迎接我们的是青川县政府工作人员。依稀记得司机年纪和我差不多,一路上我们聊起了那场举世瞩目的大地震,一路怅惘,一路唏嘘。透过车窗,偶尔可以看到路边因地震而开裂的民房,时不时也可以看到连片的帐篷。汽车颠簸于崎岖的山路上,渐渐我们到了青川县乔庄镇,路边随处可见"宁波市援建"等字样。整个乔庄镇就像一个大工地,紧张的氛围冲淡了地震给人们带来的哀伤。

对接好工作,接待人员安排我们入住,走在乔庄街上,忽然他指着一片民房,说:"地震时,这里的民房都损毁了,下面埋了很多人……这是后来造的房子。"略有些急促的呼吸,看得出他忍的比较辛苦。"整个乔庄镇,大部分的民房都震塌了,属于重灾区,那时候感觉天塌了!"我们都默默无言,凝望着这片民房,我耳边仿佛想起了地震时人们惊慌失措的尖叫,心情久久不能平静。

第二天一大早,我们就来到了拟建场地,可以清楚地看到,场地北侧堆积了大量因地震而产生的建筑垃圾,只留下场地中间一丛青翠不屈的野生树木。

巧合的是,我们到现场的时候,紧贴我们项目用地南侧的青川县体育馆正在进行勘察。经过交流得到了兄弟单位的大力支持,我收集到了拟建场地南侧

在拟建场地,背景有一丛青翠不屈的野生树木
左起:甘欣、徐一骐、刘成林、赵友(司机)

时不时可以看到连片的帐篷

ZK1~ZK3号勘探孔详细的技术资料，避免了重复工作。

根据我们专业的角度，建设场地属于山前冲洪积成因，低山侵蚀地貌。青川县乔庄镇规划区设防烈度为7.7度，设计基本地震加速度值为0.176g，设计地震分组为第二组，属抗震不利地段。场地的稳定性和适宜性较差，不宜作为建设场地。

自然条件如此恶劣，尤其是该项目为青川县青少年活动中心，本着安全实用为第一原则，作为岩土方面的技术人员，我紧绷安全这根弦，充分考虑场地各方面的不利因素，提出了相应的基础设计及加强结构抗震措施建议。

建筑设计方案确定前，我和陆所长曾二次到现场调研，具体时间已经记不清了，只记得回来的路上山洪爆发，我们到中途的一个小镇休息了一个小时。

转眼之间汶川大地震发生已经过去了10年，原本废墟一片的青川已经焕发了生机，经历了风雨的青川水更清，天也更蓝！

爱洒少年总是情

刘成林

2008年初夏，对我而言，是刻骨铭心的，至今回想起来，仍是一幅情洒灾区、感天动地的生动画卷。因为突如其来的"5.12"汶川特大地震的巨大灾难，将中华民族紧紧凝聚在一起，规模空前的生死大营救、历经艰险的千里大驰援、处处涌动的爱心大奉献、共克时艰的社会主义大协作、只争朝夕的灾后大重建，汇聚成风雨同舟、生死与共的强大合力。惨烈的天灾在给灾区人民带来巨大悲伤的同时，再次让伟大的民族精神集中迸发，凝聚升华。此情此景，谁不感动，谁能忘怀，从心里，从灵魂的深处。在党中央、国务院的亲切关怀下，在"万众一心，不畏艰险，百折不挠，以人为本，尊重科学"的伟大抗震救灾精神指引下，灾区人民的灾后重建工作如火如荼，井然有序地全面铺开。在灾后重建中涌现了很多可歌可泣的感人故事，这里，我想把我经历过和参与过的故事讲出来，供大家分享。

那是2009年2月，春节刚过不久，县委常委、宣传部长马健通知我到他办公室去，对我讲，浙江援建指挥部宣传组组长顾承甫（浙江省精神文明办社会处处长）要我们实施一项爱心捐赠工程，也讲了捐赠方的意愿，具体规划建设什么工程，可根据我们青川县灾后重建的实际需要而定，捐赠联系人是浙江省住房城乡建设厅徐一骐先生，捐赠方是浙江省精神文明办、浙江省《为了生命和家园丛书》编委会。马健部长讲："这个爱心捐赠项目，捐赠额度大，捐资人员多，捐赠意愿强，一定要把这笔捐赠资金用在刀刃上，选好建设项目，用好捐赠资金，让捐赠方满意，给青川人民造福。这项工程由中共青川县委宣传部牵头，县精神文明办承办，具体日常工作由你负责，抓紧落实。"接下来要做的事很多，与捐赠方联系、查找县城重建项目名称、确定捐赠项目名称、各项协调落实……按照马健部长的要求，我首先与捐赠方联系人徐先生联系，听取捐赠意愿和其他要求。根据他的想法，我及时到青川县灾后重建指挥部办公室了解县城重建具体项目和规划建设情况。从了解情况得知，青川县城在社会公益事业重建项目中，没有考虑未成年人活动场所，为此，我想将项目名称定为"青川县未成年人校外活动中心"。于是我将此向徐先生和马部长汇报后，他们都同意用爱心捐赠款建设青川县校外活动中心，由此确定了捐赠项目名称为"青川县未成年人校外活动中心"。

为了规范推进项目进程，2009年4月，中共青川县委宣传部、青川县精神文明办出台了《关于启动未成年人校外活动中心建设项目的实施意见》（青委宣〔2009〕25号文）。实施意见出台后，我们做了大量而踏实的协调准备工作，反复与发展改革局副局长李倩、住房城乡建设局规划股股长张斌联系沟通，赢得了理解和支持。2010年4月，向县发展改革局报送了《青川县精神文明建设委员会办公室关于报送青川县未成年人校外活动中心灾后重建工程项目建议书的请示》，随后得到及时批复。接下来就是做征地选址这一难事了。由于我们青川县城所在地乔庄镇地质脆弱，三条地震断裂带穿城而过，可规划建设用地极少。为确保科学重建、安全重建的总体部署，县委、县政府压力很大，很难解决建筑项目多、占地面积大与现有可用建设用地严重不足的现实矛盾。为使青川县未成年人校外活动中心项目征地选址落地落实，马健部长带领我向县委副书记、县长陈正永作了详细请示汇报。令人感动的是，陈县长当场拍板："县城可用建设用地再紧，也要拿出地来修建未成年人校外活动中心，不能辜负爱心捐赠人士的良苦用心。"按陈县长的安排，马健部长带领文明办、城乡规划和住房保障局、县发展和改革局、县国土局等有关部门负责人进行征地选址，经过筛选，最后选择了高家院（现县医院旁边）和小坝体育馆背后两块备选地，面积确定为4亩，报陈县长审定。我同马健部长及住房城乡建设局张斌股长一同向陈正永县长汇报后，陈县长权衡再三，决定将小坝体育馆背后的土地划拨4亩用于修建未成年人校外活动中心。陈县长说："这块地很好，我们计划留在以后搞地产开发，但未成年人活动场所建设是大事，还是拿出来搞公益事业为好。"就这样按程序顺利地办好了划拨土地手续，为修建全县未成年人校外活动中心迈开了艰难的第一步。接下来就是资金到位筹措的难题了。为确保此项工程的顺利实施，我时常与捐赠方联系人徐一骐先生电话联系，及时向他汇报项目进展情况。先生热情耐心，以诚心和爱心说服了浙江省"为了生命和家园丛书"等多家爱心企业慷慨捐赠，首先筹集了100万元转入青川县财政局，作为建设启动资金，用于"三通一平"等各项开工准备工作。但任何事情都不是一帆风顺的，所划拨的这块地虽然位置好，但中间夹了一条水沟，坡度较大，加之县上其他建筑在此取土量大，严重凹凸不平，甚至有几个坑较深较大，致使前期开工准备要增加费用，延长时间。对此，顾承甫处长、徐一骐先生鼓励我们，要迎难而上，一定要把这个爱心工程办好办实。我们怀着感情，带着希望，鼓足勇气克服了诸多困难，使我县未成年人校外活动中心项目实施的前期工作终于在2011年7月就绪，即将步入关键的施工建设阶段。2011年8月组织上调整了我的工作岗位，不再负责承办这项工作了，由苟蔚栋同志接着继续实施。这件事虽过去10年有余了，但难以忘怀。源于这是一项伟大的爱心工程，捐助企业多、捐资额度大、捐助意愿好，填补了我县在灾后重建中没有未成年人校外活动场所的空白，是一项利在当代、造福子孙的伟业工程。

写到这里，故事也结尾了，但我还特别想表达我的感恩之情。我要感谢浙江省委宣传部、浙江省精神文明办顾承甫处长，没有他们的引荐，我们就没有这项爱心工程；要特别感谢丛书主编徐一骐先生，没有他组织爱心企业的慷慨捐助，这项工程就无从谈起，尤其是他带有关专家多次来青川实地考察、做地勘、搞设计、绘图纸、定红线、督进度，风里来，雨里去，轻车简从令人佩服不已、终生难忘；我还要感谢参与捐助的每位爱心人士，是他们的爱心和激情点燃了我们心中的希望之光。

人间需要真情，社会需要关爱。心系灾区，情洒少年，这就是对社会主义核心价值观的最好诠释。

青川日记

王海金

2013年5月20日　天气：晴

天气晴好，对于我们上工地的人来说，喜欢这个天气，因为能正常施工，不会耽误工作，但也讨厌这个天气，站在太阳下烤的滋味真的是不好受啊。今天的主要任务是地连墙钢筋笼的验收以及成孔质量的控制，加油吧，青年！

"叮铃铃……"电话响起，工程部叫我到办公室一趟，幸好工地就在公司边上，很方便。到了办公室，工程部副总丁工看到我先对我笑，搞得我心里有点发毛："丁工，别这么笑，心里没底啊。""你是党员吗？有孩子了吗"，两个问题，不好意思，都是否定的回答，心想，这是什么节奏，为什么无缘无故地问了我这么两个问题呢？"公司现在青川有一个援建的收尾项目，公司打算让你去，暂时就你一个人，条件有点艰苦，你考虑一下。"

什么鬼？青川？援建？一个人？这是要发配边疆的节奏啊！其实说实话，在2008年底的时候公司的尹总就问过我同样的问题，当时刚毕业，心里是满怀激情的，有这么好的锻炼机会，我是真的想去的，因为我不想只是普普通通地做一个工程人，我想在将来回忆的时候，我做过的项目能更有意义。但是被老爸一盆凉水泼下来"你就老老实实地待在杭州得了。"所以2008年的时候就没有去，现在机会又来了，嘿嘿，可不能这么就放弃了。下午的时候，公司金总又和我谈了一次，主要是动员我去，而我也说了，我不想做一个普普通通的工程人，我是想所有自己经历过的项目都有特别的意义，在我老的时候，我可以骄傲地对自己的孩子说"看，这个工程是你父亲做的！"

当我写这篇日记的时候，老婆已经在旁边睡了，虽然有百般的不舍，但她还是支持我的，时间有点紧张，后天就要去了，老婆默默地帮我收拾好行李，只说了一句"自己照顾好自己。"我岳父说："男人就该出去闯荡，家里有我们，你放心吧。"没错，男人就该有自己的天地，青川，我来啦！

2013年8月21日　　天气：晴

地质条件好，就是任性！但实话实说，人工挖孔桩真的慌啊，想想其他工地人工挖孔桩的施工案例，心里就没底，什么塌孔啦，什么中毒啦，什么流沙透水啦，哎，前车之鉴啊！但真的是怕什么，来什么，这个工地其他的孔位都是好的，偏偏有那么一个区块居然有流沙层！！！

下午在巡视工地的时候，施工员跑过来跟我讲："王工，有几个桩位有点问题，过来看一下。"走过去一看，孔深已经挖到5.5m的位置了，并且孔底已经开始积水，孔壁还在不停地往外渗水，而且是带有黄沙的浑水，看看土质，居然还有

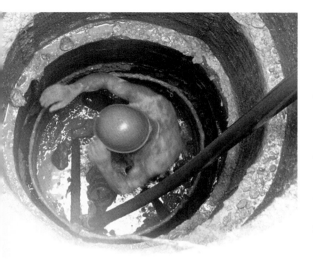

流沙层,我的个亲娘呀,还真的是怕什么来什么。看了一下现场情况,看了一下孔壁情况,果断下达指令,停止下挖,马上护壁,同时护壁的钢筋加密,护壁完成后立即采取排水措施,并加强观察。原本人工挖孔桩土质允许的情况下,每天下挖1m,就要立即浇筑护壁混凝土,待混凝土强度达到指定要求后才能继续往下开挖,但今天这个情况不能再继续挖了,要不然真的塌孔了,后果不堪设想,5m深,工人被埋在下面,抢救都来不及。"这样的孔位还有多少?""还有6根,都在这一片。"哎,头疼啊。"算了,安全起见,这7根桩每天下挖不得超过50cm,加强护壁措施,如果有必要的话提高护壁混凝土的强度等级,加强护壁的强度。"回到办公室,相关指令以书面的监理通知单下达给施工单位,但心里还是悬着的,为了确认流沙范围的大小,重新查阅一下这个工程地质勘查报告,看看流沙层的范围、深度,还好,就这么几根桩在流沙范围内,而且流沙层也不是很厚,大概1m不到的样子,心里的大石头总算是落地了。说人工挖孔桩是操着卖白粉心、赚卖白菜的钱有点过了,但前车之鉴不得不防,别的不说,就是对现场的工人也要负责到底的,现在这个天气,工人每天下到这么深的孔内干活,看着他们每日汗流浃背,泥土沾身,心里对他们又多了几丝敬畏和感激。

愿老天保佑,这个工程平平安安,顺顺利利!

2013年10月27日　天气:阴

今天对于青川未成年人活动中心来说,是个特别的日子,因为这是我们工程主体结构底板钢筋验收的日子,虽然在施工过程中每天都在看,但今天却是检验成果的日子,不单单是对施工单位的一次检验,同时,也是县质监站对我们工地施工质量的第一次检验,心里还有点小激动。

早上来到工地,叫了现场施工员李开春:"老李,现场再看一下,有什么问题我们自己先改吧，不要一会质监站的人来了看我们的笑话。"说实在的，我是想质监站的人员现场看过后一次性通过，我们也好顺利地浇筑混凝土，再不加快进度的话，年前结构是做不完的。拿上图纸，带上卷尺，和老李对底板的钢筋重新又检查了一遍，每一道梁、每一根柱子、每一块板筋、每一道箍筋、每一个马镫、每一个交叉节点、每一根钢筋焊接绑扎节点，一个细节都没有放过，我是想让未成年人活动中心在县质监站眼前精彩亮相，同时也是对我自己工作的一个肯定。

兜兜转转一上午，整个面全部转了一圈，虽然还有点小瑕疵，幸好及时发现，并安排现场工人立即进行了整改，已经没有问题了，看着这个钢筋绑扎的施工质量，我觉得可以报质监站进行验收了。下午1点，质监站的人准时来到了现场，并对现场的钢筋质量进行了检查验收，因为青川县地理位置的原因，现场所有的钢筋材质及构造均有抗震要求，县质监站的监督人员也对现场钢筋绑扎施工的所有节点进行了详细的检查，最后只说了一句话："你们要是这样施工的话，以后我们都不用来看了。"虽然这是句开玩笑的话，但却是对施工单位，对我们工作的最大肯定。

得到上级表扬，心里的一块石头总算是落地了，今晚可以放心地喝一杯了。

2014年1月15日　天气：阴

距离2014年新年，倒计时还有15天。

能不能早点回家过年，就看今天的任务能不能按时、顺利地完成了，因为今天是主体结构结顶的日子，最后一块混凝土要浇筑了，虽然气温有点低，但我们要加油，不能向气温妥协！！

早上出来，浑身发抖，青川这个地方，处于山谷间，还是沿河建造的一座小县城，冬天气温低，而且湿度还大，对于我这个东北来的狼，冷不怕，但湿冷真的是把我冻成南方的汪星人了，哎，坚持住就是胜利，对，用精神战胜湿冷，但取暖也是必须

的,走到工地,赶紧先到办公室暖和一下,嗯,烤着火,舒坦。

按规范要求来说,气温过低的话是不能浇筑混凝土的,所以说,我们只能等上午气温高一点的时候开始现场施工作业,没办法,条件所限,而且还要等下午气温下降之前完成浇筑混凝土的工作,不然真的要采取其他措施了,能不能顺利回家过年就看今天的结果了。老天保佑,上午10点多的时候,气温总算满足了室外施工的条件,不到11点,第一辆混凝土罐车到达,浇筑工作正式开始。为了抢这短暂的这么点高气温的时间,施工单位现场布置了两台汽车泵,并跟混凝土厂联系好,混凝土开始供应后,就不能停止,却必须连续不间断,不然真的出现冷缝就很难处理了。

到下午5点多的时候,最后一辆罐车缓缓开出了工地现场,在现场工人和混凝土厂家强有力的后勤保障工作下,赶在气温下降之前,完成了现场混凝土浇筑,看着现场完成了最后一块混凝土的保温覆盖和养护工作后,今年的工作顺利结束,为施工单位、现场工人以及混凝土搅拌站这么给力的配合点个赞!

2013农历年,顺利结束,回家过年喽!

2014年3月15日　　天气:晴

今天对于青川县未成年人活动中心来说,是现场施工过程中普普通通的一天,现场已经开始内部隔墙的砌筑了,并开始了外立面的施工和内部装修的准备工作。但对于我来说,却是不普通的一天,因为我要调离这个项目了。

"公司有个项目安排你去,而且马上就要到位,你那边安排一下,接替你的人叫张威,已经在路上了,他到了以后你们做一下交接马上就回来。"这是前两天公司工程部的领导打电话跟我交代的事情。虽然知道早晚要离开,但没有想到这个时间来得这么快,而且来得这么急,原本想总该把这个项目做完吧,结果……哎,我一点心理准备都没有,而且工作上的准备也没有。不过没办法,虽然心中有百般的不愿,舍不得这个奋斗了一年的项目,为了它,放弃陪伴家人的时间,为了它,生小孩的计划延迟,老婆不知道跟我翻了多少次的白眼,总是想把这个项目完完整整、圆圆满满地做完并交付使用,但情况说变就变了,终究没有能等到这一天,好吧,想开一点,听从公司安排,俗话说得好,我是一块砖,哪里需要哪里搬,嗯就是这个道理。

站在项目门口,看着现在还是一个混凝土框架的活动中心,再见了,我的孩子,这是我第一个完整负责的项目,就是我的孩子呢,不知道还能不能再一次看到你,也许可以通过其他方式、照片、报纸、新闻,但不知道还能不能再次站到你的面前看看你完成的样子,我想,那时的你一定是最完美的。

张威很快就到了,带着他现场熟悉了一下,连带着一起认识了奋斗一年的业主和施工单位的同事们,对工作进行了交接,这样,我在青川的任务就结束了。

再见了,青川,再见了,未成年人活动中心,不知道何时能再见了。

2015年6月1日　天气:晴

去年离开青川的时候还在想什么时候能够再次回来,能够再次看看这个我付出心血的项目,没想到这个机会这么快就来了,今天是青川县未成年人校外活动中心竣工验收的日子,徐一骐老师打电话跟我说,我一定要来参加这个项目的竣工仪式,就这么着,青川,我又来了。

站在项目门口,看着青川未成年人校外活动中心这个项

见到你心中只有一个感叹词:完美!

目，心中只有一个感叹词：完美！确实，独特的建筑设计，高耸的标志，全手工绘制的外立面墙体，还有那一张张绘制的儿童笑脸，真的是漂亮、完美，看来真的要感谢这个项目的设计单位，当然还有这个项目的施工单位，正是独特的设计理念和可靠的施工质量，才能把这个项目完美地展现出来。

在竣工仪式上，这个项目的参建单位代表、青川县县委领导，都进行了讲话，当然还有这个项目的捐献单位和个人，因为这个项目全部建设资金都是靠捐献来解决的，在这里也是要好好感谢对这个项目捐献的各个单位和个人，如果没有他们的大力支持，这个项目还真的做不起来，当然，这也辛苦了本工程援建活动牵头人徐一骐老师，因为这些资金还有其他的设备都是徐处前前后后、一点一点跑出来的。最后，也小小地感谢一下我自己还有后面接任的张威，毕竟我们在这个项目也是出过力的，为此，县里还特意颁给我一个青川县荣誉市民的奖项，在这里小小地嘚瑟一下。

听着徐一骐老师在台上的讲话，心里有点感触，孩子是祖国的未来，我们这也算是给祖国的未来做了点贡献，只有他们强大，祖国才能强大，愿他们健康快乐，无忧无虑地成长。

青川，我喜欢这个地方，虽然待的时间不是很长，但这里山美、水甜，人也可爱质朴，留给我的都是无尽美好的回忆。

修房记忆

苟蔚栋

修房理屋是人生的大事、安居乐业的前提。到目前，我没有为自己修建任何房子，唯一一次建房就是修建青川县未成年人校外活动中心。这座占地$3136m^2$，建筑面积$1676.34m^2$，高两层，抗8级地震的建筑，不算高大雄伟，但在青川人民心中却极为特殊，他是灾后重建规划项目，但没有纳入浙江财政援建和爱心援建总体资金预算，也没有纳入中央和四川省灾后重建项目资金预算；他是青川县最后一个完成的灾后重建项目；他是一个爱心汇聚、成就快乐的乐园，是由浙江省数十家企业、数以千计的爱心人士捐资援建；他是青川、浙江情感友谊联结的桥梁之一，每年因他互动的浙江人、青川人达数百人，涓涓细流汇成的爱心，让数十位家庭贫困的莘莘学子，在关爱的环境中学业有成，扬帆人生新希望。

青川县未成年人校外活动中心的前身是青川县青少年活动中心，在汶川大地震中摧毁殆尽，全县数万余名学子，特别是县城1.2万名学子失去了校外活动场所，失去了强身健体、练艺成才、快乐成长的乐园。少年强则国强，在地震中饱受心灵创伤的灾区，青少年更需要爱国主义教育，更需要心理抚慰，更需要精神家园，更需要坚强成长、感恩奋进，更需要坚定理想信念，坚定生存信心，增强实现他们报效祖国、珍爱人民的鸿鹄之志。浙江省援建指挥部、青川县委、县政府高度重视未成年人活动场所建设，将青川县未成年人校外活动中心纳入灾后重建。

2011年8月，我到县委宣传部、县文明办工作，重要任务之一就是协调建设未成年人校外活动中心。项目的前期工作已完成立项和项目选址，资金当时已捐助到位100万元。经过6年的艰辛岁月，历经千山万里、千言万语、千难万难，项目终于在2015年6月1日投入使用。房子修成了，在我离开县委宣传部、县文明办时，县委书记罗云同志对我谈话，在评价我个人时说我干工作有钉钉子的精神，令我万分感动。工作得到组织的信任和肯定，受些苦累又算得了什么，个人又夫复何求。

青川县未成年人校外活动中心的建成投入使用，不是哪一个人能完成的，是抗震救灾伟大精神的具体体现，是东西部扶贫协作的结晶，是众多爱心单位和爱心人士奉献的力量，是同心筑梦、同舟共济的果实。

高度重视，坚定支持。青川县未成年人校外活动中心从项目的提出，得到了浙江省援建指挥部和县委、县政府的坚定支持。省指挥部顾承甫处长，从项目立项、选址、资金来源提出了建设性意见。在建设过程中,虽然已撤离青川,但仍然亲自过问进度、质量和结果。时任青川县人民政府县长陈正永同志在县文明办呈报的《关于对口援建青川县未成年人思想道德建设及爱国主义教育阵地的报告》上批示:"同意列入重建规划,在县城恢复重建项目中统筹安排,可提前开始前期工作。"他亲自带领发展改革、住房城乡建设、国土、环保等部门三次选址,最后划拨国有土地进行项目重建。这是项目成功的关键。

呕心沥血,无私奉献。青川县未成年人校外活动中心项目虽然体量不大,但他没有花国家一分现金,全靠浙江爱心企业、人士无私援助,设计单位免费设计,个人倾力捐助,青川相关行政单位免收各种费用。项目从最初概算192万元,到项目建成决算900余万元(不包含4D影院),每一分钱都凝聚着浙江大爱,每一份付出都诠释着浙江的奉献,每一块砖都展示着祖国一家亲。

核心纽带,坚韧坚持。在青川县未成年人校外活动中心建设过程中,有一个核心人物,离开了他,也就没有了这个项目,他就是徐一骐先生。我认识徐一骐先生时,他是浙江省建设厅的一名处级干部,已退居二线。他不是派驻青川的援建干部,地震发生后,他是浙江省住房和城乡建设厅科技与勘察设计处派到四川成都参加住房和城乡建设部组织灾后重建国标师资培训的一名干部,具体工作是新修订的国家标准《抗震设计规范》对全省援建技术队伍的组织轮训和授课。他来到青川,被青川灾情所震惊,被青川繁重的重建任务所牵挂,特别是灾后的孩子令他担忧。他回到浙江夜不能寐,反复思考后,决心要为灾区做一件有意义的事情。他后来几经周折,找到浙江援建青川指挥部主动请

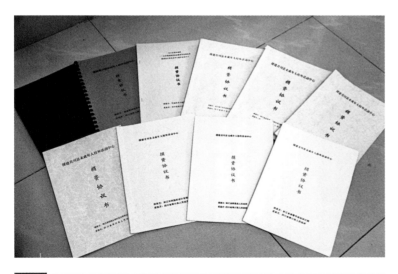

讲灾情,谈实情,企业和志愿者根据捐赠意愿,与青川县人民政府签订《捐资协议书》

缨，要求承担一个援建项目。他主动选择了没有资金安排的青川县未成年人校外活动中心项目，体现了一个国家公务人员主动担责心系人民的强烈使命感、责任感。项目确定后，他明确承诺，以一己之力，也要完成项目建设，哪怕是卖掉自己在杭州的房子也在所不惜，这种无私奉献的精神感天动地、可昭日月。在建设过程中，他坚持七年如一日，总揽全局、协调各方，统筹利用自己的人脉资源，一家一家上门作动员、讲灾情、谈实情、动感情，用自己的人格魅力，用自己的清廉操守感动一家家企业，感召一个个爱心人士慷慨解囊、无私捐助。他甚至把工作做到了家里，他本人、他的父母亲都为项目捐了资金。在项目建设过程中，他都亲自到设计现场，到设计单位，亲自勘察，亲自提出设计理念、方案，亲自主持评审，进行设计优化，十年来讲出了千言万语，走遍了川浙大地。可以这样讲，在我陪伴他的五年中，浙江的市一级我都基本走了一遍，本人对杭州、宁波、绍兴比成都还熟悉一些。我没在浙江时，一位老同志靠着信念、靠着理想一个人在浙江走街串巷多不容易，我曾经向他建议，能不能在浙江找一个年轻人作助手，帮助他，他总是说经费紧张，要节约，他一个人行！项目建成使用后，他发起成立"爱在青川公益联盟"志愿服务组织，

捐款仪式现场之一

家访沙州镇田坪村受助优秀贫困学生杜玉松一家

使浙江大爱在青川大地长期延续。

浙江是一个富裕的地方，更是一个体现民族精神的地方，浙江人民富有朝气活力、创新力、创造力，更有无疆大爱、永恒大爱。浙江援建青川的建设者们，历史不会忘记，青川人民不会忘记，我作为亲历者，更不会忘记！

因地制宜

蔡梦雷

2010~2015年笔者有幸参与青川县未成年人校外活动中心的设计与建造过程，获益良多，如今回顾这段经历仍有许多感慨。本文仅从整体设计思路方面尝试梳理一下这个项目的思考过程。

项目选址在青川县乔庄镇，建设用地东西向面宽约80m，南北向进深25~50m，呈东西向伸展的梯形，用地北高南低，南北高差大约有2.4m。在场地比较中心的位置，有三棵高大乔木，在灾后的一片荒芜中屹立，散出勃勃生机。地块紧邻的南侧是当时仍在建设的体育馆，从提供的设计图纸中获知将会是一个庞然大物，对本项目用地不可避免地形成压迫感。

从设计任务书分析，我们可以把设计任务简单地概括为在面积仅为3400m^2的用地范围内建1600m^2的房子，给未成年人提供校外活动的场所，并希望借此有助于恢复他们的身心健康，坚定他们的生存信心，激发他们的爱国热情。

1600m^2的小体量以怎样的姿态出现才能与南侧体量庞大的体育馆形成适度愉悦的张力？3400m^2的用地，1600m^2的建筑，如何为未成年人提供尽可能多的活动场地？怎样的建筑形象会有助于大灾过后未成年人的身心恢复，让他们心生愉悦呢？

带着一连串的疑问，开始我们的设计思考。

$1600m^2$的建筑体量无论以何种方式组织，并置在身躯庞大的体育馆身边，都显得极弱小。既然无法与之抗衡，那是否可以反过来思考？把这$1600m^2$的建筑融入到环境中，使之成为体育馆的一个生动背景，一个有趣的活动场地，供青少年嬉戏玩耍。

于是方案的出发点呼之欲出。结合地形南北2.4m的高差，形成层层台地，建筑也以高低错落的体块融入到台地当中，由此建筑被刻意化解，视觉的兴趣点被引导到界面丰富的场地上。建筑的化解，同时也化解了两个体量差异巨大的建筑并置的突兀感。而形成由北往南不断跌落的台地，直抵体育馆北入口，为从北侧规划道路进入体育馆提供了一个体验丰富的路径和场地。建筑与场地的结合，同时提供了室内与室外、动与静、开阔与含蓄、不同标高、不同尺度的活动场所，在紧凑用地范围内提供了最大化的活动空间，契合了未成年人校外活动中心的功能需求。

在如积木堆砌而成的错落有致的台地上，涂抹红、黄、蓝、绿四种纯色，点缀于白色之中，如七巧板般形成活泼生动的视觉效果，希望给仍旧稚嫩却受了创伤的未成年人带去良好的心理暗示。建筑材料采用彩色金属格栅与白色混凝土和白色细砂石搭配，期望能营造一个明朗、柔和、愉悦的空间环境，让性本天真的孩童们能从阴霾中走出，继续属于他们的快乐童年。

在台地推敲的过程中，特意保留了场地中央三棵高大繁茂的乔木。经历灾难后仍旧屹立、顽强生存并勃发生机的植物，在设计中成为迎合项目初衷的隐喻，其婆娑的树影也将继续庇护其下坚持乐观生活的幼小心灵。这三棵大树成为本项目的精神内核。

此概念方案出来后，获得了各方的认可，但就在我们准备把方案进一步深化的时候，前方现场却传来了噩耗。三棵大树已不知所踪，基地现场已被挖成一个充满积水的大坑，后续又获知将有一条排洪沟从北往南穿越我们的基地。如此一来，我们的基地变成了一个几乎不可建设的基地，对项目组来说犹如闷头一棍。

但建筑师的职业训练要求我们必须学着面对各种困难并找到合适的解决之道。之前方案的设计策略是顺应地形、打造场地、消解建筑、融入场地，而当基地被各种因素割裂得支离破碎之后，就需要反其道而行之了。于是新的策略是把建筑抬离场地，但仍要保持提供尽可能多的活动场地的初衷。

在梳理排洪沟并把现状水塘整合成景观水院的基础上，结合地形高差并利用建筑屋面的高低起伏，以立体盘旋的建筑体量跨越基地中央不适宜建造的场地，连接基地东西两端破坏较少、相对集中的用地，室内与室外相通，场地与屋面相连，形成一个连续的木质活动平台，在有限的用地面积中创造出最大化的儿童活动场地。基地中间被破坏得最严重的部位被营造成一个静谧的中心景观庭院，木质活动平台围绕着庭院展开，高低连续，上下交叠，营造出层次丰富、兴趣盎然的活动场所。建筑如一束飘带围绕中心内院上下盘旋交织，内部的展览、放映、课外活动、音乐舞蹈等主要空间互相通达、上下相望，形成流动的空间序列，轻松的课外生活在这流动的空间中自然展开。与之前的方案相比，无论是室内空间还是室外空间都更连续、更适合穿行游走，给小朋友的活动带来更多的可能性和趣味性，这可算是积极面对突如其来的困难后获得的一点慰藉。

建筑立面在延续上一轮方案色彩斑斓的大基调的基础上引入了儿童笑脸的元素。经历了大灾之后的孩子需要欢乐的鼓舞，在欢快乐章的各小节处像素化拼贴出孩子乐观的笑脸，向着各个方向天真烂漫地迎着风雨阳光，表达一种乐观积极的姿态，希望能对在此中活动的孩子们形成潜移默化的影响，传递了教育意义的同时整个建筑形象变得更加生动活泼。

虽然原建筑方案被推倒重来，但欣喜的是重新提交的方案也获得了各方认可，初步设计、施工图设计一步步深化后得以顺利开工，后续还有各种影响设计变更的波折，本文不再赘述。

"因地制宜"一词出自汉·赵晔《吴越春秋·阖闾内传》："夫筑城郭，立仓库，因地制宜"，意为"根据当地的具体情况，指定或采取适当的措施来处理事情"。对于建筑师来说就是根据基地的实际情况、当地的建造方式,建出适宜所在场所的宜人的房子,可认为是建筑师最基本的素养之一,也是本项目推进过程中一直坚持的原则。

2016年6月笔者有幸参与青川支教活动重回这块场地,第一次看到建成后的房子,看到小朋友们在房子内外欢快地上下奔跑,当初的设计愿景得以呈现,这或许是建筑师最感欣喜的时刻。

浙江援建奉真情　部门支持献爱心
——青川县未成年人校外活动中心项目建设过程忆点滴

县文明办　熊凯

2008年5月12日,一场突如其来的大地震损毁了我们的家园,也损毁了未成年人的校外活动阵地。为尽快恢复青川县未成年人校外活动阵地的重建,一批以徐一骐先生为首的浙江爱心人士在浙江大援建过后,组织数十家单位和个人积极捐款,在青川县委、县政府的重视和关心下,浙江义务捐建者与我县有关部门负责人一起,经过近6年的坚持和共同努力,一座靓丽的未成年人校外活动之家矗立在青川县城,为新的县城又增添了一道美丽的风景。

笔者为青川县文明办干部,于该项目建设初期,被指派为建设项目业主现场代表进驻工地,参与该项目的建设。忆往事,苦乐之间彰显浙江人民大爱无疆;看今朝,孩童欢颜展示"祖国未来"全民关怀。笔者就该项目建设过程身边小事作点滴回忆以飨读者。

2012年6月1日,青川县未成年人校外活动中心奠基仪式后。以浙江省"为了生命和家园丛书"编委会为推动方的援建活动持续数年积极募集资金,项目业主单位（青川县文明办）积极办理相关项目开工手续，双箭齐发，并驾齐驱。2013年5月，施工队终于进场破土动工。

一

倾注心血，不厌其烦，浙江设计者们为高质量、高标准工程不断完善图纸，爱心人士亲临指导，解决具体问题。

基础变更，完善图纸。项目建设启始时刚动工即停工，施工队遇到难题。原来由浙江大学建筑设计研究院义务设计的图纸对建筑红线内一条天然排洪沟做了建筑设计，后来市政建设，新建规范盖板排洪沟横贯工程，初始设计的条形基础无法开挖。我们即刻将此情况汇报于浙江徐一骐先生，他迅速与浙江大学建筑设计研究院院长、设计总负责人董丹申，建筑主创设计师陆激等有关领导和设计人员联系沟通，烦请设计班子对项目工程基础进行了设计变更，由条基变为桩基，避让了排洪沟，强化了基础，同时，经浙江大学建筑设计研究院同意，邀请广元081勘探设计院进行了实地勘查，并在与原周边工程地勘资料进行比照分析得出报告的基础上，形成了第二次更为精准的地勘报告。

增设功能，变更图纸。本着"好事一定要办好"的原则，该项目增设了琴房，浙江大学建筑设计研究院就琴房的增设、幕墙的增加、琴房夹层消火栓的增设、4D影院增设钢结构夹层等又补充出具了完善的设计图纸。同时，同意项目室内装修义务设计单位浙江武林装饰集团所属设计公司完成深化设计。

强化安全，再改图纸。主题工程施工完成后，因未成年人校外活动中心为公共场所，按现有相关安全政策要求，同时也为美化外观，原外立面外墙面砖饰改为高级弹性抗污外墙涂料饰面，浙江大学建筑设计研究院再次出具变更设计图纸，提出了更精细的要求，使活动中心更加安全、美观。

屋顶花园，再次设计。在活动中心屋顶花园建筑施工中，我们发现，屋顶复土面积偏大，砌体加复土过重，如遇雨季重量还会增加，可能影响工程主体安全。在向户外设施义务设计单位浙江诚邦园林规划设计院咨询后，其设计人员及时认真研究，重新完善设计，减少了复土面积，增加了安全性。

外墙保温变内墙保温、屋面防水工程材质变更、室内装饰装修变更等新的问题不断出现，浙江设计者们不厌其烦地为我们及时提供变更图纸和方法以解决相关问题和困难，确保了该建设项目的顺利推进。

浙江爱心人士徐一骐、董丹申、顾承甫、陆激等领导及工程技术人员多次来四川实地调研，现场指导，解决具体问题。记得一次当主体外立面外墙瓷砖装饰确定更改为外墙涂料时，捐资推动方主要负责人徐一骐先生正值工地指导。根据施工工艺流程，施工方制作了模板，并在山墙处进行了树枝造型试喷刷。徐一骐老师看后，觉得有点呆板，缺乏活力，与未成年人性格不太相符。于是，找到施工方代表与我们一道磋商，提出了看法，指出了要求。最后，施工方接收了意见，将模板喷刷改为邀请专业绘画技工进行人工描绘，进而增添了建筑外立面的美观与活力。

二

坚守岗位、履职尽责，浙江监理们为一流工程质量守护把关。

浙江工程建设监理公司，以志愿义务监理的形式捐助青川县未成年人校外活动中心项目工程的建设。监理组始终坚持"诚信、守法、守信、公正、科学"的监理工作准则，紧紧围绕"三控制、二管理、一协调、一参与"原则要求开展监理工作，积极主动地向业主报告监理情况，及时提供相关信息。在各有关部门的大力支持和配合下，高质量地完成了该项目工程监理任务。

项目工程监理组组长王海金在接到监理任务后，毅然辞别新婚不久的妻子，赶赴四川常驻工地，与我们风雨同舟，为我县未成年人健康成长奉献着自己的力量。记得那年中秋，工程建设正值紧要关头，王监理放弃了回浙江与家人团聚的机会，坚守岗位，尽责履职，念家之情深藏心里。夜晚，我与王监理还有几位工地上的管理人员相约一起，不谈工作，只谈生活，品清茶玩纸牌，最后饮了一点小酒叙情。我们共同过了一个虽缺圆满，但不缺热闹的中秋节，既增进了情感，又消除了乡愁。

浙江工程建设监理公司刚参加工作不久的年轻工程师张威，作为工程监理员来到青川，对山区气候还未适应，一次重感冒卧床数日，病未痊愈，为严把建材质量关，坚持带病与施工方代表一起远赴成都市，两日走访数家厂商选购到合格建筑建材。

监理们这种"一人辛苦换得万人欢乐"的精神和对本职工作认真负责的执着追求，值得敬佩和学习。

三

地方重视，部门支持，青川县未成年人爱国主义教育阵地圆满竣工。

未成年人是祖国的未来，是祖国的希望。青川县委县政府非常关心未成年人的健康成长、非常重视未成年人爱国主义教育阵地的建设，在地震灾害不久收到我们《关于对口援建青川县未成年人思想道德建设及爱国主义教育阵地的报告》后，县长即刻做了明确指示，非常支持。灾后县城恢复重建用地非常紧张，县委决定放弃一个房地产项目，将青川县未成年人校外活动中心建设项目纳入县城功能配套统一规划，确保了该项目的4亩多建设用地。该项目于2013年又被青川县委县政府纳入全县民生"十件实事"统一部署、统一督导。2014年，青川县人大常委会对该项目工程建设情况进行了代表视察，对工程建设提出了更具体的要求和希望。青川县四大班子主要领导多次莅临工地现场调研、指导。青川县委常委、青川县委宣传部长、县未成年人校外活动中心建设项目领导小组组长马健、副县长罗家斌，经常就该项目有关工作协调相关部门，并及时组织县级相关部门召开现场办公会议，解决项目建设中遇到的困难和问题。

县级部门和乔庄镇党委政府对该项目建设均给予了大力支持。2012年平场时，场地内有一小堆石料，属乔庄镇回龙社区小坝社一村民，平场施工要求该村民将石料自行运走时，该村民号称石料数十方，要么让我们将石料买下，要么向我们要运费若干，平场受阻。当乔庄镇有关领导得知这一情况后，即刻到工地现场对该村民做深入细致的说服解释工作。该村民在明白活动中心项目工程性质后，表示支持项目建设，最终自行将石料运走，平场障碍得以清除。

工程建设过程中，县住房和城乡建设局、县发展改革局、县审计局、县财政局、县国土局、县人防办、县防震办、县消防大队等有关部门对该项目十分支持。他们不仅未收取相关规费，还多次派员到工地指导工作，充分体现了全社会对未成年人的关怀和期望之情。

一滴水，尚思源；一粒米，报涌泉。感恩是我们人类美好的品德，我们感谢伟大的党，感谢伟大祖国，感谢温暖的全社会，感谢无疆大爱的浙江人民。

青川援建记忆

楼建勇

"5.12"汶川大地震已过去十个年头，灾后的重建在党中央的部署下、在全国各省市的对口援建下早已胜利完成，这样的重大灾害，如此大规模的灾后重建，又在如此快速短暂的时间内完成如此繁重的任务，这在人类历史上、世界范围内可以说绝无仅有；为此，我为我们的国家制度、我们党的英明领导而信心满怀，我们的灾区人民应该为生活在伟大祖国而倍感自豪！

我作为一个普通的国民，有机会在浙江省住房和城乡建设厅徐一骐先生的召感下，以浙江省民营企业、事业单位、个人为主体，对口援建青川县未成年人校外活动中心，我的任务是根据活动中心的特殊性要求，从灾后新建的历史背景、心理康

三年前作者栽种在花坛里的石榴，花开得正茂盛（摄于2018年6月）

复积极向上、少儿科普兴趣引导的多视角度，为活动中心的户外环境营造、园林绿化配套作相应定位和专业规划设计，并承担此施工任务；为此我和项目负责人徐一骐先生、建筑主创设计师陆激博士多次交流探讨后，根据我多年来国外专业考察的信息积累，提出了借鉴欧美"园艺疗法"的思路和方法，借自然之力、触动内心深处，让"植物感动心灵、动手改变兴趣、色彩感染性情、园艺改变生活"；给这些在灾难中失去亲人，从废墟中脱身、走出死亡威胁的孤儿、少年儿童们，营造一个走出心理阴影的环境，给一次抚平心灵创伤、重塑新生活的机会是多么重要！每每在我脑海中挥之不去的是灾区惨烈震撼场面、国外园艺活动中心里孩子们灿烂童趣的笑容和我们这些失去家园与父母亲人的孩子们……那种不断交织在一起的对比场景振荡，让我内心深处产生强力的心灵颤抖，呼之欲出的是我应该尽己所能，给孩子们营造一个"心灵花园"！

随后我便着手勾勒"心灵花园"的布局，参与陆博士建筑方案设计，寻找适合青川种植的各类植物，特别是迷你型的多肉类植物的采集，它会对有自闭症倾向的患者起到独特的作用,通过各地校友、同行朋友、花圃、苗圃界同仁们的鼎力相助,200多个植物品种、近百个多肉多浆类品种备选清单随即出来,并制订了采集运输方案,随时配合土建施工作业完成后的花园种植布置施工,尽快给孩子们增添一处户外小花园,为了此心结几次去现场,并收集徐一骐先生每次到青川拍摄的建筑进度照片,直到最后我自己到现场布置种植,遗憾的是由于建筑设计的调整,有些植物因种植区域取消而未能实施种植,但项目的完成是我们浙江的企业家、各界人士、参与设计建设的设计师们共同努力的一片爱心。在此我要特别感谢徐一骐先生的艰辛付出,把青川的孩子们视为自己的孩子,他把自己的小爱化作大爱献给了青川。在此,向徐一骐先生致敬!

与青川建筑的交谈

张威

  曾经500多天的相伴,难以割舍的那份牵挂,总想着什么时候能再见你一面,对你说些什么,却始终不敢,也许是离开你后的这几年时间的碌碌无为让我无颜面对正无私奉献、发光发热的你吧,只好把这份思念深藏心底,偶尔翻出来回忆一下,却也让我有着一份温暖,一种坚定。

  记得第一次见你的时候是在2014年3月,那时的你并不出众,没有华丽的外表,却有着坚固的主体结构,在那片灾后的土地上牢牢生根。你的出现是带着重大使命的,梅花香自苦寒来,却也注定了你的命途多舛,从立项、选址、红线图、地勘、初设、施工图纸、三通一平、图审、工程预算、财评、网上招投标、施工和监理单位进场直到竣工,一路走来克服了重重意想不到的困难。

  现在的你应该也在想着他吧?那个为你四处奔走劳心劳力,愿意为你卖房不顾一切,把你当亲身孩子一样对待的徐一骐老师。2014年5月,你因设计方案的变更停工了，我回杭州参加考试，带着你的思念我去见了他，那是我第一次见他。犹记得见他前在大门外等待时的忐忑不安，却不知为何，当他来到我面前时心里瞬间变得平静，也许那是你传递给我的一种亲切感吧。他领我走进了他的办公室，入眼全是书籍，乍一看办公桌上、电脑上竟都是关于你的各种方案以及各种资料。那天这位满身书香味的长者拉着我谈了许久，谈到对你各种设想方案时的满面笑容，谈到筹钱困难重重时的眉头紧锁，时至今日仍历历在目，出门时夜色已深，仍旧推着自行车对我一路嘱咐。

从杭州回来后，我便开始为你的外墙装饰方案四处奔走，先是考虑用釉面玻璃做外墙装饰，走访了几家釉面玻璃销售商后发现，这种方案施工难度较大、施工成本高且考虑到处于此种特殊环境下安全性并不是很高，所以放弃了，后又考虑用保温装饰一体板作为外墙装饰，施工过程是简单了些，不过安全性与施工成本方面还是有所欠缺。经多次修改方案后，最终决定用浙江大学设计院设计的方案，即带图案的外墙涂料装饰，简洁而又意境深远。在此方案的施工过程中却也遇到了比较大的困难，原设计是打印模版后依据模版绘图，可在尝试了泡沫板、亚克力板、硬纸板、彩条布等不同材质的打印模版后发现实际施工中都无法完成绘图，施工也因此停滞不前，后经多方探讨与咨询后，决定用人工手绘，手绘的人是来自一个艺术工作室的几个年轻人，成本也较低，但是手绘的毕竟影响因素较多，与设计图案会有所出入，刚开始那段时间每一个小环节都会拍照然后微信沟通确认，感谢每一个为你辛勤付出的人，因为他们，你的美丽，你的气质理所应当。

还记得屋面施工的时候吗？从设计、防水施工、种植土的选择、景观植物的施工、木地板的选择，一路走来，夹杂着各种困扰、辛苦还有温暖。因为地质的原因，在当地很难找到合适的种植土，那时候跑了很多的地方去寻找合适的轻质种植土，并经多方对比后最终选择了最为合适的，然而在种植土施工过程中的一次检测时发现种植土的重量超出了屋面荷载，怎么办呢，好几天都一筹莫展，后经设计院提醒点拨，使用锯木灰与种植土混合以减轻土质重量。随后在计算出锯木灰与种植土合适配比后,把多余的种植土先运出屋面,然后进行混合搅拌使之达到安全范围内。那天晚上我正吃着晚饭,接到了楼总①给我打的电话,说是捐赠的景观植物到了,当我在你面前见到那满车花花草草的时候由衷地为你感到高兴,说来惭愧,几百个品种我认识的居然不到一成,更让我意外的是居然是楼总跟车亲自护送过来的,那天晚上一边听着他的介绍一边搬着直至夜深,风很大却没有一丝凉意。

在景观水池施工的时候,却也有着一个印象深刻的小场景,水池里面设计了两种不同颜色的卵石,大小也做了一定的要求。当时采购那些成品的已经筛选过的卵石是以袋论价的,成本极高。于是乎便去看了几个砂石场,找了个符合设计要求的卵石含量较多的一个拉了一车回来,然后回来用水冲洗后进行筛选。那时就几个人围坐在水池边上聊着天选着石头,那种感觉还是比较安逸的,几天后的成果也是令人满意的。

回忆依旧温暖,生活仍将继续。你的容貌,你的精神将时刻铭记,促我前行,期待再见面的那天能对你说我不如你却也无愧于心。

注:①杭州大通市政园林工程有限公司总工程师楼建勇。

情系四海 命运乐章

——"命运交响喷雕景观作品"的越洋创作设计与施工建设合作过程及对灾区人民与青少年的寄语

吕·卡尔·卫民 Karl Weiming Lü

一、艺术创作寄语

在这汶川"5.12"特大地震10周年之际,作为援建极重灾区四川省青川县校外活动中心景观雕塑的艺术创作者,我对广大灾区人民尤其是对青少年的人生寄语已经凝聚在8年前专门为此项目所作的三个雕塑作品方案的概念中了：

（1）情系四海：通过具象壁雕表达中华民族血浓于水的民族感情，尤其海外华人对祖国及灾区人民的挂念；尤其设想以澳洲悉尼歌剧院、杭州西湖及具有青川地方特征的图案做成壁雕，以表达我作为来自老家中国杭州，新家澳洲悉尼的海外赤子对援建灾区的一份情感。虽然，此方案因制作工艺较复杂没有实施，但当初的创作意念已经留存于电子通信，借此10周年纪念图文出版之际，不忘初心，以书面的形式公之于众，以表"情系四海"的赤子之心。

（2）命运乐章：结合汶川地震灾难，凭借对贝多芬命运交响曲的立体抽象视觉表现，为人生波澜起伏的命运塑造一种积极向上的抗争的艺术语言。

（3）和睦家园：用摩尔式圆雕，塑造人类与自然生态和睦共处的意境，并时刻提醒人们保护自然生态环境的重要性，否则不仅会破坏自然生态环境，还会对人类生活构成威胁。

二、中澳跨太平洋创作设计与施工建设合作过程纪要

此建筑景观雕塑的整个创作与制作过程，都是通过跨越太平洋电子邮件联系完成的，现就以此为线索回顾整个创作过程概要如下：

（1）接受创作任务（2010年8月9日，收到徐一骐先生电子邮件）

邮件介绍了该项目的捐赠目的与意义，且确定由浙江大学建筑设计研究院陆激博士负责建筑设计，由我创作相应的建筑景观雕塑。邮件还附有给青川县政府的《捐赠协议书》《青川未成年人文化活动中心基地估算》等。

（2）设计创作方案概念（2010年11月17日，我发给徐一骐先生邮件内容纪要）

四川"青川未成年人活动中心"建筑景观雕塑项目，我已有初步设想：本项目建筑师陆激博士所定三处雕塑空间，我将分别以不同材料、形式、风格、主题、内容作如下考虑：

1）金属壁雕/马赛克壁画：可采用不锈金属板雕，或改为丹青色马赛克壁画（因整组建筑已具鲜明孟德里安色彩，壁画则以单一水墨画青色效果为佳）；形式为具象；主题为"四海一家"或"情系四海"，内容为"震区当地特征景观＋杭州西湖＋澳洲悉尼歌剧院"。

2）水池喷雕：采用不锈钢型材喷泉；形式抽象；主题为"命运乐章"；内容为贝多芬命运交响曲乐章片段抽象视觉化，寓意灾区人民不屈不挠与命运抗争积极向上的人生态度与意志。

3）活动中心入口圆雕：可考虑用铜、石材或混凝土；形式：半具象/半抽象摩尔式圆雕；主题：和睦家园；内容：一对少年男女与国家珍贵保护动物四川熊猫、扭角羚等和睦相处，象征人类与自然，尤其是四川人民与当地自然生态环境的天然依存关系。

注：上述三组雕塑作品方案，至今只实施了第2）项水池抽象喷雕"命运乐章"。而a）金属壁雕"情系四海"因材料制作工艺要求较复杂，我也没时间亲自到现场制作，就由建筑外墙装饰取代了。活动中心入口半具象摩尔式圆雕3）"和睦家园"也因材料、工艺、制作较复杂，没能安排时间制作，希望以后有机会补做。

（3）喷雕造型进展（2014年10月15日，徐一骐先生来邮件）

青川工程县委县政府要求2014年12月底要交付使用，上次发你照片就是正在内装修及外观的景象；你这里喷雕造型、尺寸等方案做得如何？如有造型样稿请发我，以便尽快与林岗和浙江诚邦园林对接。

（4）设计创作方案草图（2014年11月24日，我给徐先生回复邮件）

请阅所附喷雕平立面布置尺寸。喷管1，2，3直径200cm，其余管径150cm。喷管高度昨天已发给你了。根据上述数据及平面布置，就可做计算机三维模型了。根据模型效果看看是否需要调整尺寸。喷管高度与直径，下列喷管高度按喷水池水面以上高度计。水面至水池底深度为40cm（参见水池剖面图B-B）。

请阅所附喷雕及水池平立面布置尺寸。昨天发的图中说明"以28为圆心的喷管26，27，28，30构成边长为1m的正方形"，1m应改为0.5m。水池的剖面尺寸明天发给你。水池内壁及底部采用黑色或深墨绿色。以便与银白色喷管及红色格桑花相配。

注：按表列各喷管高出水面的高度及直径先做三维计算机模型，根据模型效果，如需调整尺寸再调整。

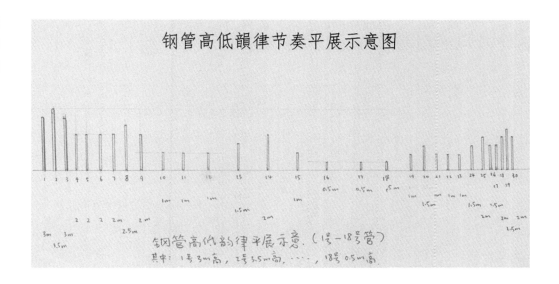

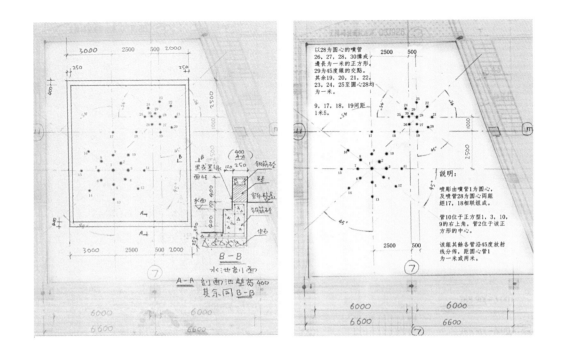

三、青川未成年人活动中心项目底层建筑景观施工总平面图

根据我提供的设计草图及钢雕平面布置图,浙江诚邦园林规划设计院绘制了如下施工图:

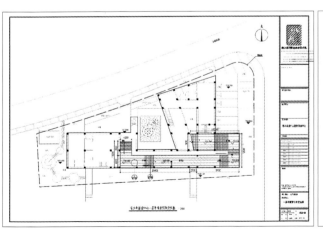
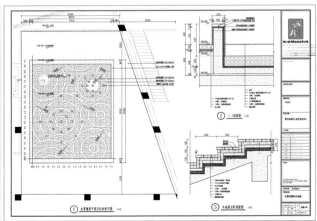

四、青川未成年人活动中心项目喷雕钢管施工平面布置图

根据我提供的设计草图及钢雕平面布置图,浙江诚邦园林规划设计院绘制了如下图纸(选):

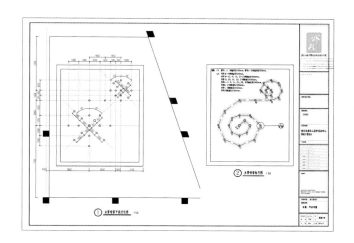

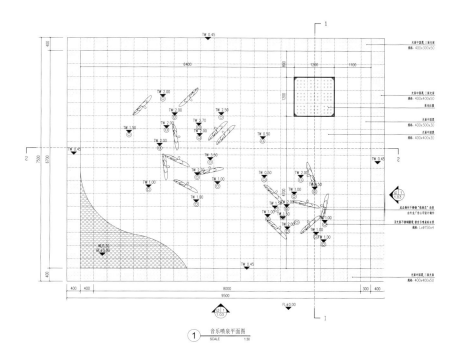

五、青川项目喷雕三维效果（邮件发送日期：2014年10月28日）

主题：青川项目雕塑效果，这是由浙江诚邦园林规划设计院朱锡冲总监让左璐发给徐一骐先生并转给我的青川雕塑效果。

根据我提供的设计草图及平立面布置图，浙江诚邦园林规划设计院用建筑计算机辅助设计，绘制了如下喷雕立体模型图：

六、青川项目命运交响喷雕不锈钢管外喷（浙-川-澳青少年画）设想

浙江诚邦园林规划设计院朱锡冲总监曾建议喷雕不锈钢管外喷儿童画烤漆图案，附图则是收集的一些（青川、杭州、悉尼青少年）画作品：

国画香蕉　　　　　　　　　美人鱼　　　　　　　　　草莓女孩

七、青川项目不锈钢管命运交响喷雕与格桑花的组合

由徐一骐先生牵头,本项目由我创作的命运交响曲钢管喷雕进一步与雕塑家林岗先生的格桑花创意有机合成。

雕塑家林岗先生的格桑花概念及配上格桑花的命运交响喷雕模型如下所示:

 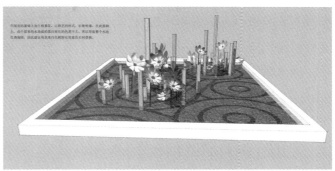

贝多芬说:"苦难是人生的老师,通过苦难,走向快乐。"贝多芬C小调第五交响曲,作品67号(Symphony No.5 in C minor. Op.67),又命运交响曲(Fate Symphony)

八、向贝多芬致敬,向本项目合作者致谢

综上所述,青川未成年人活动中心建筑景观"命运交响格桑花喷雕",主题构思源于四川抗震救灾与贝多芬命运交响曲的共振,借此机会向贝多芬表示极大的敬意。乐曲体现了贝多芬一生与命运搏斗的思想,"我要扼住命运的咽喉,它不能使我完全屈服",这是一首英雄意志战胜宿命论、光明战胜黑暗的壮丽凯歌。恩格斯曾盛赞这部作品为最杰出的音乐作品。整部作品精炼、简洁,结构完整统一。

而整个建筑项目及相应景观喷雕等则是由浙江省住房和建设厅徐一骐先生组织牵头,并经由浙江大学建筑设计院陆激博士主持的建筑设计,本人的命运交响主题喷雕创作设计,林岗先生的格桑花雕塑创意概念配置,及浙江诚邦园林规划设计院朱锡冲总监与左璐等设计师的计算机模型与施工图绘制,通过跨太平洋电子邮件联系合作而成。在此向各位合作者深表谢意!

为爱而写

邓铭庭

爱的力量无穷大，爱的力量无限强。还记得10年前汶川大地震的惨状，青川县成为极重灾区的那段时光，全国积极捐赠，努力建设新家园，这正体现了一种大爱无疆。时间无情地流逝着，世界在不断变迁着，中国，一个历史悠久的文明古国，也随着时间在不断发生巨变，但是，我们心中的大爱没有被时间的变化所改变。正是因为有着这么一群有爱的人，人的社会生活才会越来越美好。感谢所有为青川县未成年人校外活动中心建设投入心血和捐赠的爱心人士以及企业。

青少年是祖国的未来、民族的希望，为了灾区的孩子们能有更好的校外活动场所，各个爱心单位、团队和个人都积极参加援建和捐赠。为青少年校外活动中心的建设投入了人力、物力和财力。他们为爱谱写了青川校外教育的新乐章。在时间无垠的荒漠里，只有爱是永恒不变的，在爱的海洋里，我们可以无尽地畅游，快乐地生活。我们希望用

《工程建设安全技术与管理丛书》统稿会议之一

《工程建设安全技术与管理丛书》统稿会议之二

行动将这份爱继续传递下去。

　　建筑中最重要的就是质量和安全，没有一个标准去遵循，质量就得不到保障，为了让更多的人生命安全得到保障，同时也为了让更多公共活动场所变得安全，我们用了6年多时间编写了《工程建设安全技术与管理丛书》。这一系列的书是作者因爱而写，努力用知识传播能量的人生实践。历经了6年多的写作时间，耗费了作者们的大量精力和心血，如今终于将稿费全部捐出，为爱谱写了一曲希望之歌。

　　因为有了爱才让我们更加拥有动力和充满能量，为了生命和安全，为了我们共同的家园，我们认真负责地编写了这一系列书籍。只是为了让建筑工地和建筑都更加的安全和可靠，工程建设更加规范，让百姓的生活都得到保障。要为生命和安全奉献一份力量，这样才会让百姓的生活变得更加安逸，生活更加充满希望。

　　如果说每一份爱就是一滴水，那么许许多人奉献出的爱心将汇聚成河流，一股股的河流终将汇聚成大海；如果爱是一颗石子，那么众人奉献出的爱心将会累聚成为抵御狂风暴雨的城堡，让人们生活得更加舒适和安逸。再次感谢为青川县青少年校外活动场所建设奉献爱心的企业、团队和个人。希望爱的火种能随着《工程建设安全技术与管理丛书》这一系列书籍传递下去。

如格桑花般美丽绽放

马颐真

　　2008年汶川大地震，我正在读初中。我的父亲作为震后最早援川的医务人员，在遭受重创的地震灾区参加应急救援，冒着生命危险与当地军民共同奋战。震后汶川一片狼藉。父亲在那里经历了无数次大小余震和堰塞湖溃坝，常常是头一晚睡过的地方，第二天就不复存在，连卫星电话也联系不上。这段靠卫星电话不定时联系报平安的时间，对当时同为孩子的我来说触动很大，印象很深。

上了大学，我学的是视觉传达设计专业。大二时因学习成绩优异加入了老师的设计工作室，并参与了山东省"安丘市天洁希望小学"的校徽设计，在36个设计方案中脱颖而出，被正式定为该校的校徽，为此被《钱江晚报》下沙版的记者采访并报道。

关于我的报道被徐一骐老师看到，他联系到我，希望我能为他们的援川项目设计一个Logo。由于对地震灾区人民感触颇深，我欣然接受并有幸参与到"青川县未成年人校外活动中心"这个项目中去，设计这座建筑物的Logo。

青川县未成年校外活动中心是一个由多方爱心人士和专业人员共同努力完成的援建项目。其中包含建筑设计、园林景观设计、雕塑设计、平面设计等多个专业。2015年4月初次接触这个项目时，建筑物缺少一些辅助设计，作为当时最年轻的设计师，有幸参与到实际项目中去，与浙江大学建筑设计院合作，十分难得。

徐老师说，他们拟定以命运与格桑花为主题设计一个主题喷雕和Logo，并发给我一些背景资料。格桑花开在雪域高原，在极寒的恶劣环境里却能坚强绽放，颜色鲜艳美丽。我认为以格桑花为主题寓意震后的青川灾区孩子十分贴切，且饱含诗意和温情。找了很多的灵感图和参考资料，经过反复思考，缜密的构思和设计，三个快乐活泼的孩子形象在我脑海里呼之欲出。我最后确定以三个欢呼的小孩形象与格桑花的花瓣结合，孩子们挥舞着双手以不同的姿态向上欢呼，形态像盛开在高原极寒环境下顽强生长的格桑花，蕴含了未成

年儿童经历了地震洗礼,顽强乐观,奋力拼搏,积极向上,活泼可爱的精神面貌,像格桑花般地盛开。Logo选取了鲜艳的红色、橘红色和橘黄色,橘红调颜色温暖活泼且充满活力与朝气。希望灾区的孩子们坚强勇敢,乐观顽强,如鲜艳美丽而顽强的格桑花一般,活出自己的色彩,在青川大地上重新开出美丽的花朵,描绘出多彩的人生。

Logo完稿后,我即刻发给了徐一骐老师,一稿通过,还得到了浙江省住房和城乡建设厅原厅长的赞许,当即拍板启用了Logo。Logo打样成功后被运用在活动中心大厅前台、每一间教室活动场所和宣传物资料上,作为"青川县未成年校外活动中心"的主题Logo,深受未成年人喜爱,得到当地政府、相关部门和活动中心工作人员的赞赏和喜爱,为此我被邀请参加"青川县未成年人校外活动中心"的落成仪式。直到现在我还多次看到青川县文明办现场发来我设计的Logo和孩子们甜美的笑容融合在一起的照片,Logo被永远地保留在青川县未成年校外活动中心,保留在青川,保留在震后灾区孩子们的心中。

看到孩子们健康成长的照片和青川未成年人校外活动中心的一草一木,青川正在逐渐复苏,而我设计的Logo在活动中心孩子们笑脸的映衬下也愈加动人。

2018年6月,我受到了青川县人民政府的表彰,获得了青川县荣誉市民的称号,我感到非常的欣慰，它凝聚着父亲和我两代人对灾区人民的爱，2008年父亲参加应急救援，7年后我参加灾后重建，这是一种爱的传承。我很骄傲能为地震灾区的孩子们做了一件极其有意义的事，为地震灾区的重建作出我微薄的贡献。

附件：工程技术处理专家来信建议

关于四川青川县青少年宫外墙保温构造的想法

徐处：您好！

  刚才我查阅了绵阳地区的地方气候条件，年平均温度16.2℃，常年相对湿度在70%~79%之间，冬季不需要集中采暖，室内外设计温差较小，可采用以墙体自保温为主的外墙保温设计。如果图纸设计采用钢筋混凝土框架填充墙体系，宜首选轻质混凝土砌块，在确定了满足当地外墙平均传热系数限值的厚度以后，可在放线定位时超出梁柱外皮25~30mm砌筑，然后在梁柱构成的凹槽中用现场喷涂聚氨酯泡沫填平，外侧抹混凝土砂浆厚度20mm，要设计纵横向装修线槽。同时在梁柱与填充墙接缝处压入耐碱玻纤网格布，宽度为200~300mm，表面不裸露。在水泥砂浆表面涂刷界面结合剂，外侧再粘贴和钉挂柔性装饰瓷板，在接缝处采用射钉枪机械固定，所有接缝处可采用专用接缝材料嵌缝，瓷板应具有一定的防水透气功能。同时在外墙内侧抹保温砂浆2号，厚度20mm。如果由框架梁代替窗过梁时，过梁外侧洞口处凸出一段水平板带，断面为40mm×25mm，可在梁外侧嵌挂等厚度石棉毡，长度为每边超出窗洞口300mm，以增加洞口上方外墙的耐火极限。这种自保温的外墙保温设计在夏热冬冷地区，甚至寒冷地区使用的比较多。以上仅是大致想法，不一定符合当地的一些规定，仅供参考。

孙宝樑

2014年2月26日

屋面工程防水层处理的建议

徐处：

"屋面工程"已认真阅读，理论上已有两道独立防水层处理，能满足防水功能要求。但为了更保证屋面的防渗漏，提出以下措施意见，供工地现场管理参考：

（1）干铺无纺聚酯纤维布一层：未标明单位面积和克重，如过厚则成本过高，过薄则防护隔离效果不足。因此改为干铺油毡一层，既经济又确保防护强度（抗穿刺）。

（2）2厚PVC防水卷材：立面施工高度不明，收口处密封处理方案未标。建议施工高度：上人屋面与木地板高度相平，种植屋面高出种植基质层15cm以上。收口处处理：用PU-1防水复涂密封处理。

（3）40厚泡沫玻璃（A级）保温板：建议改为阻燃级有机保温板（XPS或PUR）。

（4）2厚PU-1聚氨酯防水涂料：可能造价较高，监管注意偷工减料，①确保厚度；②立面部分应作至女儿墙压顶底部阴角处。

另外，外墙抹灰工程要注意粉刷质量，方法有二：一是必须预喷界面砂浆一道，再进行抹灰粉刷；二是在粉刷层中增设热镀锌钢丝网布一道（钢丝网直径宜≥0.7mm）。

以上几点建议如有与设计造价关联，应作设计变更调整。

采用白色的、好的有机硅密封胶勾缝。

田军县

2014年4月4日

幕墙后面的保温层做法建议

老徐：

　　关于幕墙后面的保温层做法，目前工程上的做法有很多，如耐火性能为A级的有：岩棉保温板、超细玻璃棉毡、泡沫玻璃保温板、无机保温砂浆等；耐火性能为B1级的有：挤塑聚苯板、聚苯板、硬泡聚氨酯喷涂保温层等。

　　以上材料在使用时，均存在不同程度的问题，岩棉保温板、超细玻璃棉毡在施工时，很难将墙体全面封盖，从而影响了保温效果，且施工较麻烦，功效较低。挤塑聚苯板、聚苯板、硬泡聚氨酯等材料的保温性能很好，但耐火性能不理想。

　　最近了解到一种材料及其施工工艺，能够较好地解决以上问题，即：憎水型岩棉喷涂技术。岩棉喷涂技术是一项较成熟的技术，其关键点在于采用的材料不是普通的岩棉，而是具有憎水性能的岩棉。该材料可适应室外环境，抵御潮湿空气的影响；而且施工非常方便，施工效率非常高；对于幕墙钢龙骨与墙体之间的缝隙，可采用侧喷的方法，做到保温层全覆盖。保温层喷涂完即施工完成，无须再做其他，便可以安装幕墙面板了。

　　建议可考虑在项目中采用。

　　另：该项技术已在某公共建筑项目中采用。

金建平

2014年4月

行 路 篇

乡愁与命运（徐一骐）

乡愁与命运

徐一骐

青天显得素雅轻盈，山坡笼罩在淡淡的雾中，习习微风，送来春的暖意。垄沟上，留下农夫的足迹——这是我去年在营盘乡山地见到的一景。吆喝着耕牛的蜀地口音，在谷地回响，催动人间四月天。树芽旋转着，花儿散发着土风的幽香。人与自然，有一种难以置信的生态关系。

沧桑无语，乡愁有情。我们每天要学习的东西很多，我们唯一要做的是加深对它的认识。一切都源于一种深沉的爱。

这段经历是我与巴蜀之地结缘的起点，也永远影响了我的那些遥远乡土的故园情。每个人能力所及之处，乃是命运着的青川。家园之梦在奔突，把歌者打动。我更喜欢从另一个角度看待它们，看看我们能从它们蓬勃的生机中得到什么有益的启示。

有幸投入到祖国的家园建设，能够成为青川灾后重建命运交响曲中的一员；能够亲身体验这些年我们普通人和历史展现出来的生活；见证青川这些年发生的巨变。体验天地悠悠之间、生死之间、苦乐之间、劳作与话语之间，对生命意义的追寻，我乐于在平静的语境中历练：边写边读，有如一场记忆犹新的交谈。

山地是一道好客之门。他们迎候在那里——呵，新城、古镇，长势喜人的田野，我家乡父老乡亲的声音，赐予我内心如此朴实的图像。我们这里缺的，他们那儿会补上。

这是一个革命老区、贫困山区和少数民族散杂聚居区，一个贫穷落后的农业县。它地处四川盆地北部边缘，川陕甘三省结合部，素有"鸡鸣三省"之称。这就是九年多前我们急欲进入群山环抱的所在地，地处岷山山系摩天岭山脉与西秦岭尾部交汇处的青川县。

　　回念往事，那条去往青川的崎岖山路跃然于目：若从成都搭乘大巴车去往县城，大约需要5个半小时车程。经过竹园坝，公路先是沿青竹江蜿蜒而建，过了凉水又顺山势从山脚盘旋至半山腰，但见松柏高悬于巉崖绝壁，随时可以俯瞰河流山谷；盘旋之处，遇到陡峭弯窄路段，迎面而来的两辆车需要将车速减至最慢才能勉强擦身而过。过了隧道，顺着山势公路曲曲弯弯，一直延伸到青川县城。在那些没有隧道的日子里，来往的车辆必须绕道约1300m海拔的险峻山路，道路经常意外地塌方，令外来者为之失色——而这条剑青公路，地震后竟然成了青川通往外界的唯一生命线。

　　尽管灾后，剑青公路重新进行了修复改造，但有些山路因地质状貌发生了变化，受地形的影响，公路也只能顺势而建，那好几次悬在山崖绕道而行的公路，穿越隧道和溪涧，引导着我们从高坡钻出，直到最后进入蜿蜒的青竹江路段。就在这逶迤、起伏的山路上，在这绚烂的夕阳晚照中，我看见高处隐约有放牛的牧人在行走，车轮和吆喝的声音传到耳边……

　　青川处在秦岭南麓与龙门山交接的若干个地质断裂带上，历来属地震频发区。"5.12"特大地震灾害，是四川有史以来破坏性最强、波及范围最广、救灾难度最大的毁灭性灾难，青川成为极重灾区。主震强烈，余震不断。伤亡惨重，场面惨烈。

　　眨眼的伤口，合眼的废墟，打开的黑暗和熔岩中，将有一个崭新的青川诞生出来。每每随着汽车在盘山公路上盘旋、颠簸，我便会回忆起那段摄人心魂的岁月往事……那段时间，日、夜、季节和年轮，中国的生活发生了变化：面对地层深处突然捅出的冷酷武器，人们的心骤然间凝聚起来。多少支抢险救灾和援建队伍，像海浪般涌落到灾区家园身上。

　　大地、天空、不停的潮水，怀着在强烈震颤中涌动的伤痛和爱之情怀，多少人奔赴山巅水涯的所在，寻找、抢救生命和一切可能的存在者；用连接在一起的材料，编织起家园每一天的衣裳，用汗水、劳动甚至生命诠释着最古老的存在。

疾如闪电的行动所到之处，就像一团火、一眼泉，一股不断向外倾泻、自我更新的能量之流。

朴素的心灵、至善凝聚成的爱、锻造民族文化内涵的精神，又一次将智、情、魂书写在历史的前额。余震未泯，多难兴邦，此心可期。没错，这就是家园。家园的形体，她的内在的呼唤，像再生的波浪把我们支撑……

一

看到青川的绿水青山，我就爱上了它，并意识到它不仅能为人类生存的每个角落提供道德方面的教益，提供不同的可能性，促进生产和分配的不断增长，而且表明，从这片保持着大自然纯朴景色、山脉绵亘、溪水潺潺的土地上，将出现一次巨大的飞跃。在岁月的进程中，本真的语言归属于这片神奇的旖旎风光的领域；在此间，家园之说将毗邻于匠心筑梦天命般的源泉。

人们致力于一个更加有效的方法来解决工程安全和构造问题。在灾区重建的所有建筑物和构筑物中，所有的努力都从不同维度效力于一个整体。建筑，还是建筑，建立在结构力学得以保障其与人身安全关系的厚重成分中。圈梁-构造柱体系、结构类型的匹配、标准规范的制定和实施，固然显得拙朴，仍然使体验者经验到了创建持存的东西。如果没有良好的管理将会出现问题。我们深深地相信细部的控制应当是在建筑师和工程师的指导之下。不只是要从物理的可靠性维度，还需要以艺术、建筑形制和诗性运思表达出来，并因此促使它们变得美丽。它们的"过程法则"都表达了人的纯朴性和一体性理念的统一。

二

固定的文字在那里，你的寻访之地近在咫尺。曾记否，在四川青川地震遗迹国家地质公园博物馆，你所体验到的一幕幕惊心动魄的场面？还有那一张张照片带来的对结构震害的感性认识？曾记否，木鱼中学遇难学子之墓勒石以铭的铭文？"脊摧墙倾，数百少年，深埋废墟"，铭文中这12个字，所带给一名"筑居"体验者的，相信不只是伤痛而已。

博物馆里陈列的实物、图片的解说词、4D影片再现的情景故事、勒石以铭的铭文、人在奋起中的面影……无一不以语言在向我们说话；人的家园意识，这个深度是起源的维度，它召唤着我们深沉的存在论的乡情。

建筑不仅是实体和可供人居住的空间，它也是文化的载体。文化积淀于一切人类所创造的物之上，但作为人，我要感知建筑物和建筑活动的安全可靠，它与家园、与人在精神上的、文化上的观照直接相联。

人，自然，灾害，建筑。乡情在问："脊摧墙倾，数百少年，深埋废墟"，为什么是建筑？我觉得，不谈安全的建筑和建筑活动，就无以话家园，本真的体验也来自互通语言的牵连相触。我曾长期从事这方面职业。规范、标准在减轻灾难中的作用有目共睹。其实早在1978年我国就有了第一本抗震规范。但由于缺乏管理，在相当长的时间内存在着管理的盲区。例如在城市以外广大农村地区的各种民宅，以及村镇学校的教学楼，就基本是在自由放任情况下建成的。建造者不仅不知抗震规范，甚至连一般的标准、规范都不知道。像这样缺乏起码结构知识而盲目乱建的"三无"工程，遭遇罕见的大地震，倒塌也就在所难免了。

在此，把自己的能力贡献给整体，是希望将四处分散的个体精力聚集到一起，也是急难中直觉性的自然选择。这无须领导来选拔，也无须别人的认同。有如逆光下精神的简洁剪影——这种认识在有限生命的某一时刻突然显现，光影、人的回音式反映，一触即发的个体和整体的社会关联，都表征为一种质感鲜明的说，清晰可见。倒是在自我形成和冒险中路遇到的艰难、痛苦的过程——是另一种张力：实际上也是通过这种艰难、痛苦得以产生和维持，并通过与整体的结合来领会，而这种结合的程度实际上又取决于自我超越所达到的境界。它催动人的自我认识向整体方向扩展，另一方面又向这一认识显示了有限存在本身的孱弱和无价值。除非把自己的能力献给整体，否则，有限就不可能获得心灵的平静。

记得见到木鱼中学宿舍楼坍塌280多位师生遇难的报道，注意到其承重结构被改动过的情况，那心痛不已的时刻。"悲莫悲兮丧爱子，痛莫痛兮失学生，念昨天，深情厚意成追忆，思今日阴阳两隔悲相怜"①，这是社会、学校、父母、老师，对痛失他们的孩子们最刻骨铭心的表述。

死者长已矣，生者长劳劳。从这个意义上，真正的建设者与他们的时代是如此息息相关，以至于他们无法与此相分离地进行交流。还是从这个意义上说，历史的建筑及其人民性情境成为创造性产生的前提条件。

注：①见木鱼中学遇难学子之墓勒石以铭的铭文。

为了聚焦后续的激情，返回一段日子，确实应该（至少应该相对地）经历与感受它。那是"5.12"大地震后不久的7月，绵阳市人民政府驻上海市联络处梁缨主任通过熟人找到我，迫切希望在浙江寻找援建该地区受灾学校的单位，他寄来许多资料和照片，其中有一份《江油市学校未援建情况统计（7月2日）》，统计了江油市76所学校的150个需要重建的项目希望得到援助的统计清单。我看了很震惊：这是一份江油市未援建学校明细表！在沉甸甸的栏目里详细列出：各学校名称、学校类别、新建项目总计（万元）、规划规模（班级、人数），新建项目包括其名称、规划面积（m²），运动场所包括规划运动场（m²）、资金（万元）等。光"学校类别"就有幼儿园、村小、小学、职中、一贯制、初中、高中、完中、进修等，需援建项目有教学用房、生活用房、辅助楼、行政办公用房等，具体到多少学生、班级、建设资金等。另一份资料中统计了死伤学生数字。这些统计数字所诉说的，从心理学延伸到人的生存条件，它直抵人心。灾情严重。我赶紧电告梁主任，我们会竭尽所能，首先会启动《为了生命和家园——公共领域建设安全教育丛书》义写、义编、义捐活动；同时极力争取发起一项丛书援建活动。编写丛书这件事也确是有备而来，早在2008年初就开始筹划相关事宜了。眼下"打算邀约一些大企业、单位及中国建筑工业出版社共同参与捐款"。这是我们迈向第一步专注于做一件事情时,一些关乎工程安全的经验为我们提供了最终的指示,指示出穿越大地首先必须考虑的位置。

如果说没有机会在第一时间赶赴灾区一线,那么后续的努力,一切都取决于你本真的决心。大量的实例和比喻,既适用于个体也适用于世界,我们把此生此世的努力、改变和发展,都和眼前的景象联系在一起。哦,要靠自己,一切都是短暂的,应该把自己视为短暂的,必有一死的人。无论你是否喜欢,未来将会以自然主义世界观和生态人文主义的伦理学为主导。我们需要行动,需要语言,它们将一切化成一个持续流动的过程。我们需要自己的决心保持坚定,持续忍耐,个人自由不取决于地位、运气或权力,所有人需要做的,就是按照创造的指示行事。

记得当时,江油市的友人还打来电话,称大地震造成江油李白故居景区全部房屋拉裂,主体部分建筑垮塌,希望找到援建方。他们还寄来照片。在第二次发生6.0级余震后,又造成清代建筑绝大部分倒塌,最重要的文物陇西院照壁,粉竹楼照壁,太白祠偏殿全部垮塌。听闻这一消息令我震惊不已。

李白,盛唐文化孕育出来的天才诗人,他那些雄奇、奔放、瑰丽、飘逸的千秋绝唱,他那体现着人类生命的庄严性、充满悲剧色彩的强者个性,一直产生着超越时空的深远魅力。他的诗就像奇石垒成的建筑物,在地震后浑身碎裂的他的故居,就像珍贵的诗的碎石敲打着喜爱李白者的神经。这些诗意建筑可不是华丽的坍塌物。

来电告之,从唐朝一直保留下来的李白幼时居所的立有"陇西院"三个大字的山门,也在地震中几乎完全垮塌,只剩两侧残墙摇摇欲坠。李白旧宅屋脊部分损坏,屋面、内墙布满裂缝;序伦堂、陇风堂屋脊垮塌严重。李白卧室和书房也千疮百孔,房子的瓦顶上震出了很多洞,像筛子一般……

我打点行装,准备前往。

三

不过两个整天,新的任务来了——而且任务来得那么急迫。住房和城乡建设部通知,2008年8月28日,在成都市举办新修订的国家标准《建筑抗震设计规范》全国第一期师资班培训。作为建筑大省,我和另9位师资成员被派前往学习。

我提前一天乘机到成都双流机场,来位于该市东隅的望江宾馆签到。这是一家融汇着南亚旖旎风光与川西民俗风格的城市森林型宾馆,毗邻东沿线的金融中心,紧邻东客站,交通便捷。占地面积大,周围有各种花木,常年绿荫浓盖;亭台水榭,溪流潺潺,是一处幽静的会议场所。

授课的几位教师刚从重灾区调研回来后不久,他们是中国建筑科学研究院从抗震所、结构所、国家建筑工程检测中心抽调去抗震救灾的大批结构专家中的一部分。讲课的大礼堂能容纳数百人,放映的屏幕很大,尽管坐在稍后面点,图例照样看得清楚,只是拍照效果不佳。我深感自己见识的狭隘和知识的贫乏。各种类型结构不同程度的多样化破坏形态,以及结构解体、房屋倒塌的巨大损失和惨重后果令我震惊。这些教案对断墙残壁废墟的剖析研判,对摇摇欲坠的危房颓楼之观察思考,都来自于震害现场若有所悟的新思维记录,不仅对标准的宣贯,也对未来科研方向及规范标准的调整,都具有重要的参考价值。

带着任务回到浙江,就开展了对全省援建队伍的大规模轮训。所以等轮训任务完成我再去争取项目时,不仅青川的木鱼中学,还有李白故居等,不是信息渠道不畅通未进一步对接上,就是已经被对口援建,未免留下深深的遗憾。

后续的事情就像在大山里步行一样艰难而费力。我不记得是2008年8月还是10月,为打开与青川的交流通道,早日争取到援建项目,我曾先后两次给谈总[①]打过电话,他正在青川指挥着数万人的灾后重建工作,在通话中他让我做个方案,待国庆前夕来厅里时交给他。抱着满腔希望,我赶紧围绕主题把设想做成方案。那些天,我有种强烈的期待,在充满变化的杭州秋日风光里,那些被强有力地切断的坚硬的东西,有时像石块,有时是空气,围绕在我周围,掉落到

注:①浙江省援建青川总指挥谈月明。

我身上，感到仍旧那么致密那么硬；我前行着就像附着在被截断的透视彩绘玻璃窗上——这是希望吗？总算逮着一个机会在国庆前夕将方案材料交给谈总，匆忙之中未及多作解释。也真是难为他，他肯定是太忙了，我焦虑地等到10月底终于还是杳无消息……冷风吹荡在空旷的场地上，却没有卷起一片树叶甚至一粒尘土。

其他的各种付出都告之作为个体的努力尤其需要努力；你的行走必定是多么微不足道。哦，应该去再次倾听什么叫希望——"希望是本无所谓有，也无所谓无的"，我们本就想成为鲁迅先生笔下此一消息的传信者，必须致力于无法洞明希望时的一种走。但是即使你对鲁迅《故乡》中的这段话有了更深的理解，也不等于有条路便在脚下。他写道："希望是本无所谓有，也无所谓无的。这正如地上的路；其实地上本没有路，走的人多了，也便成了路。"这话展示出那种淡定和专注的语言积淀，让人身不由己地一次次去重读它，品味它，好让我的呼吸更深沉轻快些。

这是一个多么丰富和深刻的说明啊！——希望，一如地上的路，是本无所谓有或无的。换句话说，与其说它是迢遥的，不如说是因为它引入近处。地上本没有路，因为它引入近处，想象力引导希望纵身于未曾经验的领域[1]；但是尤其要注意最后两句，"走的人多了，也便成了路。"这话传信了这样的消息：未曾经验的领域，每一次创造性的面对都是一个新的事件。不仅要一个人走而已，它光靠一己的努力是决不够的。我们被点燃，熊熊燃烧，这项任务使我们外倾而燃烧。我们必须踏着火炭的脚步走下去，我们应成为完整意义上最自然化的公民，并且只是这个世界上的公民。

我本领不强，又不机灵，总是处于劣势——这重要吗？世界随机地抛向我们，我们的构成必须和世界一样，这就要求道德和客观性之间必须密切联系。我们都是自己的短暂性，是自己有限的时间段，我们自己将生命烧尽。因为我是短暂的、有限的，只有今生，所以必须客观地走出自己，致力于良心的创造。激情一路翻涌过去，就这样翻涌过去，而浪花则会逐渐退去，烈火也将渐渐熄灭。

我们从此地出发，就从编写这样一套与安全、实践结缘的书籍开始。这是必须坚持的第一意愿——其实我们已在建设之途摸爬滚打了数十年，我们遇到的各类工程事故还少吗？编写一套工程建设安全类书籍，系统聚集起往昔的经验教训，就在通向那期待的途中，如今化作一个一目了然的功课意愿。我们认为，核心自我是不受任何腐蚀之苦的。任何人都可以遵循意愿而去，而你应依据自己的理解，一程曲折又一程曲折地去跨越坎坎坷坷，坚持做一件事，任何其他事情都无法替代。雾岛的云层汹涌澎湃，使我能够怀着满腔热情，心无二用地投身于一段人生历程。

早在2008年4月，在文三路附近的一个小会议室里，我曾和杭州市勘测设计研究院的几位总工和技术员一起，讨论过一本地质钻探及安全管理类书籍的编写大纲。它针对的是工程实践中带有普遍性的问题——施工组织、钻探进场准备、钻探作业、圆锥动力触探试验和标准贯入试验、地下水位测量、安全管理、资料管理、孔内事故的预防与处理等——期望对相关人员在作业和安全管理上有所裨益。2008年5月下旬又陆续讨论过"市政排水养护技术与安全管理""净水厂安全生产指南""村镇房屋避灾工程建设"的编写大纲——在宽阔的看似林荫道的尽头，在路的迹象渐渐消失的地方，一处处读与写的图景被制成。它是故乡的一道风景吗？或许还只是一个新愿景吧！故乡的风景，如同从童年的时候起，我们把它保留在身边并时常查看——在那里各个季节周期性的运动变化，那让人无限眷恋的地方；但也请想想，就是这样风景如画的家园，也会时常遭遇火灾、洪灾、震灾、风灾、滑坡、泥石流、雷击、雪灾和冻融等多种自然灾害带来的破坏……

6月3日，中国建筑工业出版社的吴宇江编辑来函，建议丛书选题书目及提纲等一并发他收，统一申报为好。说真的，城市的科技、人文的信息流通量大，人才资源丰富，能够集中力量办事。而人心向善使我们这些普通人，能在祖国需要时掏出一份建设灾区家园的坦诚。人，树，叶子——作者的笔下，伸展着某种可以抵御安全事故和灾难的土层、泥块、根系和丛林。书的作者们讨论着要做的事情，一些大纲写了出来，一些作者也陆续加入进来，并提出很好的建议。这真是一种务实的风格。

　　书是极其重要的。有如一个设计，一本带有启发性的书，作者在一个简单的平面建起一个充满静谧和光亮的空间。窗明几净，自然光穿过墙体进入阅览场所，它在功能上是一个小型图书室，在精神上颇为神圣，而实践上又能为拓开一片地平线效力。我曾经读过一本书，说路易斯·康对于书是一个贡献的看法是如此强烈，以至于他认为营造学院图书馆这样的环境，一定要考虑读者的行为，为他们提供本质上独立的研究空间："一个人夹着一本书走向光明。图书馆就是这样开始的。"说得如此直白，短短两句话，出其不意地把你拽进书的光明中。从对书的尊重到对图书馆设计的虔诚，其旨趣真是跃然纸上了。

　　工程类书籍的精华源自工程实践、标准、规范、教案，它展开的平面和服务空间，是在风霜雨雪和日晒雨淋中形成的。它的编写恐怕不具备校园图书馆同样的研究空间和条件，但并不等于说它的平面建起的房间没有可靠的服务功能。不过它的服务功能不是楼梯、卫生间、阅览室，而是技术、建筑工地和人之间非此不可的关系。它的服务功能不应成为实践的"空中楼阁"，否则会发生意外的灾患。像巴蜀之地自古以来就天灾不断，我们无法回避灾难，但是通过它的服务功能促进写作表现力的方法，可以展示如何面对灾难的态度和途径。能为灾区家园建设提供一种能上手的技术保障，也是一种"居"的守护吧。

　　经过半年多的曲折找寻和争取，挨到2008年11月初，某天，我抱着试试看的心情，给浙江省援建青川指挥部办公室主任朱永斌打电话，询问可有援建项目可以承担？朱主任是我同事，一位务实的部队转业干部。他在电话里有点埋怨，"你为什么不早点来呢？我给你一个电话，你问问看。"就这样简单，待建项目青川县未成年人校外活动中心开始走进我们的视野。浙江省援建青川指挥部宣传组的顾承甫组长在电话的那边跟我说：还有两个项目未建。①农业研究所；②未成年人校外活动中心。我考虑后随即表示可以承接建设此一活动中心。真是山穷水尽疑无路，柳暗花明又一村。尽管没有建设资金，甚至还未规划立项，但总还是透露着可以上手的劳作和希望的曙光吧！

峰回路转，冬日带着你心情的释然突然来到，你那12月蜂房的穷愉悦；你的愿望之途透出一束光亮，你还做着建筑的梦。时间的响声将逐一串连成为脚印，**成为现在**这条路。

四

这样说吧，眼下所遇到的，既不是项目无资金未立项的挑战，也不是存在主义者称之为虚无的焦虑的东西，而是需要有一种强烈的情绪，一种提高了的生命力——因为在这样的重灾区，难道生命力不是永远和死亡相对立的吗？我们可以用许多不同的名称来称呼这种强烈的情绪。我的选择是罗洛·梅称之为"感情激昂"这个词组短语所称谓的情绪。这种感情激昂对于点燃诗人、建筑师和艺术家的激情、唤起他们的能力、把"像火焰般的顿悟"聚集起来是必要的。同样，他的话能引起我们共鸣的，还有这样一层意思——这种感情激昂是针对不公正的，在我们的社会中当然存在着很多不公正。但是，归根结底，它是针对所有不公正的原型（即针对死亡）的感情激昂。这非常特别。他指的并不是接管系主任职务之类的事情，那是一种截然不同的事情。

尽管我的眼光向来不敏锐，通过这样的阅读也能唤起一种同感。我们的政治责任是很重大的。灾区数万名少年儿童的心理健康成长都与我们的努力休戚相关，我们可不能视同儿戏。摆在眼前的是我们受到召唤要做一件新的事情，要进入一片原野，在那里没有现成的道路，也没有人会来指导我们。而怀揣着这份感情激昂，对于开启社会公共领域的协作攻关，对于可以持续近六年，克服路遇的重重困难，直到工程完成到交付使用，乃是极为重要的。正是这种持续的感情激昂，使这一路走来，荆棘和希望并存，孤独和沟通共在，使乡愁的倾心无时不在相契合的所属中。团结一致、卷入，或者正如卡尔·马克思所说，与人民群众相认同。

我要感谢灾区的朋友们。在大自然恣意肆虐，人们面临灭顶之灾的绝境中，他们所表现出的顽强、互助、豁达、乐观的精神，深深地感染着我。这种自强不息的精神，这种超越自我的认知，与我们的朴素情感交融在一起，留下了一串坚实、清晰的脚印。在这个行列中，尽管有个体的"丧失"，但小坝这块土地上独具匠心的这座建筑，也表征了在这样一个世界中的创造性力量，一种对它命运的肯定。在这一意义上，此一作品是在寻求个体性社会合作的基础，这种个体性合作能够在家园之爱的风雨同舟和匠心中找到。

注：桂花，杭州市市花；塔柏，广元市市树。

我们住在杭州的居民区，有钟，有楼，周围有小广场和花木，但此刻你要为青川的某块地带去怎样一座建筑呢？旁人也许会问：桂花在哪里？用作栽培塔柏的土地在何方？那时常敲打语言并给语言布满的毛毛雨又在哪里？建筑不是随意说说就能带过去的，我们不能把匠心所是的"存在之家"当成一个十分粗浅的比喻，譬如，把它想象成一座在什么地方建好的房子，或电脑里现成存着的一套图纸，存在就安置在其中，犹如可搬动的物件。

从2008年初冬到翌年早春，就在与青川友人的交流中度过。初春的晨曦勾起多少愿景。我们商议着要出一个文件，讨论着文件的内容，业主单位是中共青川县委宣传部和县文明办。2009年4月20日，两单位印发了《关于启动青川县未成年人校外活动中心建设项目的实施意见》，其中提到该工程投资估算192万元，由浙江省文明办和《为了生命和家园丛书》编委会筹资。省文明办虽未参与筹资，但从一个维度，能影响人们的价值取向，对于营造一种社会生态是大有助益的；而工程量的多少，则要等将来图纸出来后根据客观情况变化才能确认。从来都不是不需要概念先行，而是设计回应着事实本身，再来调整工程量。

来自民间的、自发的援建活动，不管成败与否，这经历，乃是人生的佐料，而朴实，最值得称道。我们的意愿是单纯的、持续的，而且激情一直是在燃烧着的，它要求一种质朴的、自由的眼光。就我力所能及的理解而言，人之为人的质朴、自由，源于本真的亲缘关系，人被用于倾听这种消息，亲人们毗邻而居，它交融于家园之梦的规划、设计、劳动、耕耘。无畏地越过深谷，耕种于田畴。"牛群之牛鸣是人声旋律的自然低音"这样的话，大约隐约地使毗邻者听到谐调着的本质之泉声。

　　我是在讲傻话。其实这只是一种家园之梦的形象比喻。"人声旋律的自然低音"带来的愉悦，要远远盖过从一开始就遇见的碰壁之事所带来的不快。为何？它有如另一种夏日劳动，一种等待成熟话语的道说将会在实践之耕和风雨秋色中拔节抽穗，率然成诗意果实。问题是，这样为建筑的道说，既是传统的又是新颖的，既带有普遍性，又是独一无二的。谁都没有经历过，它是独一的、纯粹的建筑艺术作品，而不是市场经济行为。

　　建筑艺术作品的打造，要由具有现当代建筑艺术丰富经验的建筑师为之；同时作为公益建筑，又需要邀请社会各界来共同担当。总之，要有个族群来为这独一的建筑出力，将遇到的艰难自然会很多，这也意味着必须在灵魂的铁匠铺里经历过无数次的锻造。

　　创作作品，而不是做项目。浙江省有上千家建筑设计单位，加上全国的则更多些。邀请哪家？要有深厚的建筑情怀和人文底蕴，要有社会责任感和价值关怀。设计一个匠心独运的建筑作品，就抱持这样一个愿景，2009年5月的一天，我拨通了浙江大学建筑设计研究院（简称"浙大院"）董丹申院长的电话。没有再拨第二家，一听背景介绍，董院长当场就答应该建筑由浙大院来承担设计，并提供全套免费设计服务。他说：汶川大地震灾后重建的一大批建筑，创作了包含各种地方建筑元素的作品，代表了各援建省（直辖市）在这一特定时期的社会文化和建筑风格。此前一段时间浙大院为青川县设计了数十所中小学，质和量兼顾，正体现了这一时段的建筑风格和政治、文化的社会特征，而现在更可以腾出时间来潜心创作一个适合建筑文脉环境的优秀建筑作品。没过几分钟，他又特意打来电话，说本建筑主创设计师已落实，为本院副总建筑师陆激博士。使我特别感动的是浙大院对本援建工程的迅速表态支持，后来我得知董院长亲自担任本工程设计总负责人，更是大受鼓舞。这个时代的进步灵魂，造就了一种广阔的社会本能。建筑师、规划师是最具有社会担当的群体之一。自那以后，为了建成青川县这独一的花园建筑，我们与浙大院进行了长达5年多的协调配合，直至2015年6月1日工程交付使用。我尝说，中国古代不乏匠人文化，别具匠心、匠心独运、能工巧匠都是对匠人的赞美。然而，需要耗费大量时间精雕细作的传统工艺，在快节奏的现代生活中渐被冷落，传承日益艰难。而青川工程的社会实践，我们的优秀建筑师、工程师的艰辛付出，正好公正地诠释了一种社会担当，一种传承和创新的历史交会。

楼金先生年事已高，但仍然是中国企业文化最真诚、最活跃的实践者之一。他已成为我的良师益友；在他坐落于钱塘江畔、挂着程十发国画《接喜图》和摆设着中式桌椅、书柜的办公室里，我多次拜访过他。这是一座杭州新兴的钱塘江时代地标性绿色建筑——亚科中心[①]。站在37层顶层他办公室的弧形窗口，可以领略钱塘江如诗如画的风光景色，绿树江涛，横贯南北的钱江一桥及六和塔雄姿。

青川工程得到楼金先生的关照和相助，跟他的社会责任感和价值观是分不开的。充满热情、办事追求高质量，对社会贡献很大，却称自己是个地球村人，处事就这样低调。他在送我的一本图册中如是写道："一个人应有高尚的目标，才有永恒的推动力。如果我的目标只是追求一己的或小我的物质需求和精神需求，那尽可以建个安乐窝安度晚年了。而报效祖国、报答社会的目标，却使我觉得任重道远，做得很不够，因为祖国还有待富强，社会还不很理想。"

话语是这般朴实，却字字珠玑。汶川大地震发生后，海南亚洲制药集团先后四次伸出慷慨援助之手，包括这一座青川的花园建筑。楼先生长期活跃在祖国医

注：①浙江亚克药业有限公司投资的高新技术产品研发孵化基地。

药事业的前沿。在这场援建活动中，率先垂范。但报效祖国、报答社会的目标，却使他觉得任重道远，做得很不够。这使人想到：人之为人，假若没有对大地、对人的无比热爱，没有追求美和爱的激情和为之忍受苦难的精神，那生之意义又何在呢？

最早一笔筹款活动颇具喜剧性——我说喜剧，是应了温州东瓯建设集团一位年轻董事的名字：他叫盛金喜——好喜气的名字。这笔款跟他的帮助有关。他的谈吐之间，你会觉得这个年轻人总是洋溢着一种热情和自信。那时候，该公司正在申报特级企业，技术储备要求之一是主编一项国家标准。2008年11月，我们在西湖边上的香格里拉饭店开完国标《刚-柔性桩复合地基技术标准》编写统稿会，在餐桌上我提起青川工程筹款的事。

他告诉我，东瓯集团和温州中城建设集团最近各有50万元捐给温州瓯海区慈善总会，这笔款主要用于服务当地的民间赈灾。我大喜过望于这偶然的机缘。由此展开了长达半年多的沟通，终于在金喜的机智帮助下，做通了慈善总会会长的工作。

"我邀请建设局麻局长和会长一起吃饭，说服工作就在餐桌上搞定。"他在电话里有点得意地说。

《捐资协议书》于2010年7月16日，由两家公司和温州市瓯海区建设局作为捐资方，四川省青川县人民政府作为受益方，陈正永县长亲自签字。丛书编委会作为见证方之一，在协议书上签字。款项很快一次性打进四川省财政厅捐赠资金专户，国家金库四川省分库，这样，作为青川工程第一笔专款专用的捐款终于到账啦。真是一件特别令人快意的事。

唉，这些往事就像风过无痕，寂静无声，但这宁静背后，是任何一种色彩音符都无法替代的溪流故事！一种由情绪激昂带起的水波浪花。那不停闪烁的音响，而今成了幽静幽静的鸟鸣。顺便提一下，盛金喜，这位当年为青川建设出力的年轻温州人，2013年组建百盛联合建设集团，任董事长。我由衷地为他的热情和家园情怀点赞。

五

青川全县地域面积3216km^2，辖9镇27乡，总人口25万，综合竞争力当时在四川省181个县区中列164位。也是大地震发生后一直锁住人们视线的地方：一个倾注着川、浙乃至祖国家园多少人情感和期待的交叉点，一个锋利的点，深刻的点。这个点是如此尖锐，横在我们胸中：矛之尖端向自身聚集，入于至高至极。这种聚集力渗透、弥漫于一切之中。唯有跟青川人一起去感受它，心有所寄方能缓释。我们将前往为之分担建造的青川县未成年人活动中心，正是这个点上一片青葱的土地和空旷的空间，是战场，是一个如今我们可以话匠心的位置所在。这里涌出一股巨流，它总是时而推动着诗意地道说，时而又决绝地要求匠心行动外倾出来。

我们的任务是要用话语把被聚集者释放到建筑本真的生命之中。我们将以一种新的勇气面对这一建筑的位置所在，其特殊之处在于：①它从规划立项到工程建设经历了一个漫长的曲折过程；而且事关此一建筑的话语始终未被说出：我指的是，有这样一个整体中的每个个体，在自我创造中，在不断进取中，在烦恼和冒险中，到处都有自我超越的身影，关于它的话一直未被说出；②家园之爱的能量分散于各地，在何种程度上将其聚集起来，决定了化解其艰难的小坝这块土地，如何催动建筑表象思维显现出的隐蔽本质；③聚集也意味着协作攻坚的行为本身：它的结构形态不是固定的，参与其间的设计师、工程技术人员等多是在不同单位，且平常多是在业余时间的背景下作奉献，许多事需要反复协调，是一场需要尊重科学、躬行不息的社会实践。

援建工程、书、建筑本体的叙说……在所有的案例中，任何人都可以有自己的看法。这是个全方位、立体、交叉的空间场景。科技、文化的多样性和生物圈的在场，将邀约我们融入一个特定的语言环境。作为一名筑居的体验者，不只是叙述往事，我还期待在触发灵感时碰碰运气——把注意力放在"没有被写入叙述的那部分"。立体、透视、平面、鸟瞰，我试图使自己表述的话语像建筑师手绘的各种图纸一样，具有各种可供赏析之点。所以这场冒险无疑会将"故事"与文本的网络错综复杂地粘连在一起：既有感性审美的一面，有远景、中景、近景，也有细部的关照，需要近距离剖析感觉的地方，骨头与肉，血管、韧带和筋膜组成的连接，你还需要随着空间和环境本身所耕耘出的氛围，及时抽身退出，为人的互动和对话腾出空间。

关于规划立项——我最初见到的由青川县规划和建设局绘制的全民健身中心红线图，是2010年2月。图中，青川县未成年人校外活动中心在其北面，但并未被标注出来，规划未立项这也意味着它并未在真正意义上落地。活动中心一直未被列入规划建设用地指标之中，其原因乃是大灾过后，青川县城乔庄镇规划区面积2.2km²，避开三条地震断裂带和三个变形体后，安全用地仅有1.1km²，县城的可利用土地资源承载极

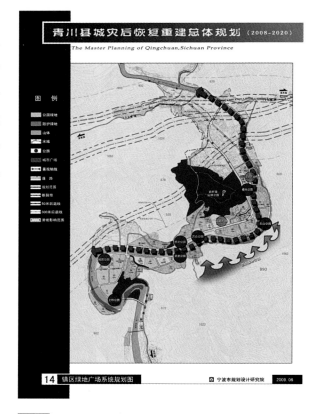

乔庄镇灾后恢复重建总体规划所示三条地震断裂带　宁波市规划设计研究院供稿

其有限。当回忆的语言围绕这独一的建筑所遭遇的曲折而展开时，建筑本身似乎有话要说。出于家园地域性和乡人语言一直需要说出的事情——也是2009年春与业主方反复讨论的事情：列入规划要有依据，在何种程度上致力于这种独一性，从而能够把建筑落实到匠心者的肩膀上。

规划的立项、建筑方案的构思、工程措施的行藏，路遇的种种艰难、曲折和奋争，爱心筑梦的话语，每位亲历者的感受从未被说出来。友人们将它珍藏着。珍藏并不是藏在抽屉盒子里、藏进书柜或电脑中。反倒需要思及的是，珍藏不正是真情所具有的品质吗？

蕴藏在家乡乡土乡情中的宝贝，至今鲜有人能估量得出。此一藏的品质称命着本真的"居"。作为在天地悠悠之间的人，自生至死的漫游的路程，真情作为居的基痕却无处不在。

浙江，青川，相隔1800多公里，却感觉近在咫尺。这一珍藏或曰真情无价，无价就无价在情之为真，无价在它绝非是世上任何技术手段所能称量的，无价就无价在真情作为"居"的基痕无处不在。

六

照说，这一建筑的体量并不大。但何以它遇到的艰难如此曲折，以至于它竟然跟人一样，有着自己的命运？

想想，它曾经遇到过与其他待建项目之间的冲突，用地指标极为紧张矛盾突出是个原因。再则，活动中心项目正式启动时，对口援建已基本结束，这意味着浙江省财政对口划拨资金援建也已结束，也不妨说是另一原因。在青川县财政极度困难的情况下，照说别的援建方也完全有可能有能力适时地承担起援建的责任。但何以说，偏偏是这独一的建筑遇到的曲折便是它的命运本身？

问题是，这些现象罗列都未触及其本质。此一建筑的命运之所以成为命运，乃是因为青川人——和我们一起，心手相连，守望相助，把建筑遇到的重重艰难曲折作为命运统统接受下来。唯当如此，人的痛苦为精神效力才成为可能。

语言在说话。而我不得不承认自己是一个十分笨拙的提问者，记忆所触动的运思仍然有限。无论多么小心，我们也还是要与其中带有本质性的东西失之交臂。

痛苦为精神效力，痛苦当难以言说时它便沉默了。因而它也成了一种创造性勇气的动力？抑或那种精神世界远比行为层面更丰富、更为复杂，更具有广泛而深邃的可探讨性？

阳光与空气融化我们的梦与痛苦，而世人的灵魂好似植物，未在本土扎根，会很快燃成灰烬。为避开这个危险，最好是持续耕耘在躬行其间的一块土地。在带来音信、保存消息这个意义上，纷繁的世事都可成为素材，也可以避开沦为一种单纯的学究活动。

如前所述，2009年4月起草《关于启动未成年人校外活动中心建设项目的实施意见》前夕，和业主方县委宣传部、县文明办通话，讨论行文内容，我问可有规划依据？答曰有；于是传来2008年9月两单位给县人民政府《关于对口援建青川县未成年人思想道德建设及爱国主义教育阵地的报告》复印件。报告就一页纸，叙事清楚。在纸页留白处陈正永县长用钢笔批示："同意列入重建规划，在县城恢复重建项目中统筹安排。可提前开展前期工作。"时间是2008年9月27日。见此，我大喜。

报告中在叙述理由后，特请示县人民政府在县城重建过程中将其"纳入县城功能配套的统一计划之中考虑，其建设资金来源由浙江对口援建资助。"但规划一直未立项，对口援建资助似乎又不顺。这事到2010年5月中央提出三年援建任务两年完成的背景下，所有交钥匙工程要在年底前完成，是有难度的。再就是我们作为浙江省民间的力量，有没有能力接？县里领导想必也是纠结的。所以，县委常委会要开会作一次定夺。

做人要有诚信。既然我主动去争，就要把资金筹集和工程协调的事情担当起来，哪怕再苦，也要坚持的。至于对付困难嘛，总会有办法的。

在弥陀山东面院子四楼临窗的桌前，推开窗户看院子里的景色，映入眼帘的是一棵高大的雪松，经过30多年的生长，翠绿的身姿已经是亭亭如盖。柔和的阳光从天上透过树林洒下去，散射在北边院子的冬青树、腊梅和鹅卵石铺就的地面。走到楼下，面前较为空旷，这是2010年6月的某天上午，我人在杭州，到院子的矮林之间走走，在潮湿的树叶上闻得到夏天的味道和泥土的清香，此处找寻到的变化也渐渐让我把故乡的某块场地与之混同：这天青川打来电话，有个会议此刻正在县城乔庄镇县府的某个会议室里召开，让我静静等候一会儿。快到中午时分，电话铃响起。县文明办刘成林主任用轻微、凝重的语调跟我说："县委常委会就未成年人校外活动中心的事刚开完会。"他停顿了一会，接着用同样的语调说，"会上提出，宁可放弃一个房地产项目，也要把它推上去！"他还说：县委宣传部马健部长他们一会儿要去震后新规划区高家院和小坝一带选址看地。听到这消息，当时我真是好激动，青川那边坚定的守望者们所作出的决定，发出了项目确定性的最强音。

"宁可放弃一个房地产项目，也要把它推上去"，这是一句既朴素又极富有激情的话！且这句话很特别：如说从现代汉语理解，"宁可……也要……"是一组表示取舍关系的关联词。但我们知道在发达地区的城市里，用于房地产项目的用地指标列入规划的土地，是可以用来拍卖的，假如照此而行，对特别困难的县财政收入而言，岂不将会起到"立竿见影"的效果！但恰恰是在这一点上，青川人对十分稀缺的土地用地指标的审视，跟许多发达地区过度倾斜于商业化考量的做法，是不一样的。最重要的是这块体量不大的土地，它承载着青川人民的期盼；而且它也体现了城乡规划服务社会的精华。一场夏雨后露出的地面上，水洼与阳光双双交融。

电话里声音放轻、凝重的语调，里面似乎有信赖、有担心；有属望，似乎又放心不下。担子太重。唯当用心去听的时候，入乎其内才能听出一二。它没有说出的话是：在地震灾区，灾后失独家庭和孩子们心灵修复方面仍需要倾注人们更多的忧思和关怀。县里还有数万名少年儿童，这里确实需要由匠心筑梦来营造一块土地，为之促成一座有利于全县未成年人长期健康成长的精神家园，这件事情要托付给我们。

需要说明的是，谈到房产的供需，我们也说"关联"。但是如果说人处于解释学关联中，那么这恰恰不是表示人是一个商品。我们认为，"宁可……也要……"意味着一种决绝的选择：宁愿放弃一个看似优越的项目，也要把一块珍贵的土地让出来。这使人想起古人的一句话："诚必不悔，决绝以诺；贞信之色，形于金石。"①

用一种跨越空间和地域的对话，决绝之声，无论是宁愿放弃一个房地产项目也罢，还是卖房产也罢，其淳朴的本质都是相通的，都扎根于乡土乡情的乡愁之中。人之为人的无形的对话，为我们心中决意要建的这座"青川的花园"建立了

注：①语出西汉枚乘的《七发》。《汉书·艺文志》著录"枚乘赋九篇"。枚乘（？～公元前140年），字叔，西汉辞赋家。

新的根基：对这重关怀——也只有经历了大地震死亡意识及其文化语境燃烧之痛的人，才会引起深深的共鸣。想要用眼睛来看我们的体验必须直达心理体验的深处。

珍藏或曰真情无价。一句无形的对话，一股涌流的清泉。这样的话很特别。它穿过默默山崖，穿越从时间积淀下来的悠悠岁月，它涌动而来，如今犹在汩汩流淌。它之能听，不只是此独一的建筑在立项和推进过程中路遇艰难的过程，坚韧的坚持想必是体验者都能听到的，其背后蕴含的是巨大的痛苦为精神效力的声音。

七

县委常委会会议以后，我们加快了与青川的对接步伐。最主要的事情是规划用地指标一定要真正落地，确认立项！在多方努力下，2010年6月13日，青川县发展改革局终于对业主方发了项目建议书批复文件（青发改发〔2010〕609号）。这是陈县长批示后近两年努力的结果。文件中提到活动中心总建筑面积1500m^2，估算总投资627.92万元，资金来源为：《为了生命和家园丛书》编委会和浙江亚克药业有限公司等单位捐建。面积扩大了——扩大好啊！只是筹款的事情要更苦啰！

2010年7月某天，我们就飞了过来。我和浙大院地勘工程师甘欣同机先到，建筑师也会在同一天乘机到达。这将是第一次到青川的小坝现场踏勘。

车到青川县城乔庄镇，清澈见底的乔庄河水蜿蜒流淌，但见水流沿着河谷，悄然流入震后正在建设的新规划区，最后它将汇入白龙湖。走在河边，尚未成形的大道，褐黄色的泥土新鲜潮湿，远远望去，起伏不平，宛如大尺度未完成的雕塑。援建队伍的推土机和运输车在上面作业忙碌。这是盛夏天气的青川，但此间气温格外宜人，蓝天一碧，空气格外新鲜。

我这次赶来，青川县里的同志就像久违的老友一样，在频繁的电话联系中，我们一直讨论着当地实际的困难和未解决的问题，并不断地交流着该如何去共同面对它克服它。

在青川县政府招待所，匆匆漱洗一下后，我们便一起前往未成年人校外活动中心新选址地点踏勘。这个被称为"小坝"的地方，我在电话里就已经得知，待建项目是一块不到5亩面积的土地，就处在小坝这一带。能争取到在这里选址是件极不容易的事情。

我们往老城区方向行走，风一吹，还闻得到摊位里大蒜的气味。有一刻钟，我们走入一些街巷，隔一段路，屋与屋之间，由围墙连接，银杏树高大的身姿，从街区的另一侧围墙后边伸向天空。青川中学震后破损的教室墙面历历可见，附近还时而可以见到援建者住的板房。施工之地，虽说有些扬尘，但转过一处，清风吹来，空气中又飘动起清新的气息，广场和街上，水果摊、搭设的日用品小摊、饮食店和来回走动购物的居民，河水对面新建的居住小区、广场街景和农贸市场等，无不在讲述此间正在恢复着生机的居民生活。

不久我们来到新区高家院一带，从乔庄河北边，可以看见河对面由宁波市对口援建的县人民医院，外立面设计得美观而醒目。原先医院边上有块地，选址时业主单位现场去踏勘过。地段不错，但总感觉，青川县少年儿童活动场所建在医院一侧，拟觉欠妥，所以就改选在小坝了。

我们趋步来到偌大一块野草丛生的坡地，几只喜鹊，偶尔呱呱地叫两声，自由地布达着天籁之音，似乎在召唤着我们要尊重自然。它们先后飞到泄洪沟的乱石和沙砾之间觅食，不一会儿，又飞到高大的树冠上去，两相呼应的叫声脆亮而好听。这里不远的北面和西面，望上去是一碧的山峦，围合起一大片坐北朝南的村居、台地。再往南下来便是小坝。它就着山势，数十米之间，有数米的落差。尽管周边有乱石、板房，但草木青青，依然散发着山野的芳香，带着一丝微弱的余温。

北边的山坡上，有散居的郊区民屋和村落，宅基地里种着玉米、茄子等农作物，银杏树上袅袅升起银蓝的轻烟，在土褐色的屋顶弥漫、飘散。这地方，有一条较宽的天然排洪溪涧，由北面山上树林之间穿过山坡、村庄、小桥和道路，穿过选址之地，然后径直往南而去。平日水流量较少，一遇雨季，水势会陡然增大，径流往南数百米，山水注入青川县的母亲河——乔壮河。

踏勘，或曰感知地貌和空间，正是专业者体验环境的所在。踏勘是一种现场交流，地势的高低错落，环境的空间位置，房前屋后的绿化、道路，如何更科学地利用土地，尽可能保证日照间距等。它起源于一种古老的文化：相地。所有拍照，站在不同的地块，在目测与图纸的比划之间，都表征着它们与人的交流。董院长建议围绕泄洪渠道边上三颗野生大树来进行设计，让历史的记忆围绕在这象征生命的高大乔木来展开，当建筑爱上了树，会更带有生命感。陆总在不同的地理角度测度空间，他似乎在感知某种设计方案的雏形，共享空间的体量、层次？抑或建筑的空间利用和如何更具人情味，用自己的目光度量周边的地形地貌，追溯地方建筑文化留下的印记，在今后的尝试中寻找融合创新的踪迹。甘工，地勘工程师，则在场地的所在和周边观察台地的断层，或走到水渠下面挑拣各种石头，再细细研判。这里有一种野性的光辉，一种乡土的气息转化为建筑新生儿的酝酿氛围……

建筑设计是在有限的时间内满足独特场地要求，为特定的客户解决问题。设计师的天职是将问题系统化，因此需要相当丰富的知识来进行正确的决策。需要指出的是，这时的业主方，对我们来说早已不是客户，而是牵挂的家园，是真正的风雨同舟者……记得当晚，在县府食堂晚餐中途，时任副县长的罗云同志在百忙中来看望我们，给我们一一敬酒并说，"我代表青川县25万人民给你们敬酒！"因工作繁重，又匆匆离去。但这话，却给我留下了深刻的印象。

踏勘、现场交流、祝酒、夜色下的感怀——苍翠的群山隐约可见，乔庄河吹来水的气息，鸟瞰大地的星星，屡屡向困倦的人们投去祝福的目光！交谈，多多益善，街灯下，夜色中，这里没有城市节日的灯火，周遭却有一阵阵清凉，启程于多风的山巅。明天一早，我们也将跟这里的山川暂时作别，又将匆匆赶路，飞离蜀地，带着期望，带着青川百姓的嘱托，带着生命中的承诺。但我们还会回来！

八

在杭州，我们的建筑师朋友早早地在贡献整体的意义上努力着了。这种自觉使我能够放心地腾出手来去协调、沟通社会，为日后此独一的建筑添砖加瓦聚集力量。在我看来，唯有以敬畏之情去持存开端时的决心，以一种质朴去沟通、去劳作，才能将一种忘我的投入保持在本质之中。这在建筑师、雕塑家、艺术家、工匠工程师、园丁付出和投入时表现出来的专注度无一不是如此。当然在走这条路时，必定还有许多不清晰处，有待探索，有待克服。

2010年10月中旬，浙大院第一次把概念图发给我。一张场地现状图纸将我们引进在场世界：从总平面、鸟瞰、透视、一二层平面，到建筑意象、活动平台、建筑生成，从雕塑设置、质感材料，到功能分区、流线交通，还有一些过程草案，可谓详细。它那清晰的造型和绘画解释了设计师对主题的消化理解和对空间想象的把握。在实际中纳入童年梦想的诗情画意，这样一种现象学方案当然与儿童心理学家如此有用的客观研究迥然不同。不过，它的真实性在于能唤起我们对童年宇宙性的瞬间记忆。

不日，蔡工将一本蓝色封面的文本送来，示我以第一套设计概念方案，文本的页面开本很大，我们在桌子上摊开，翻看这一页页彩色的建筑造型，它从不同的视角展示出自己未来的样子。这是建筑师付诸心血所展示出来的初步成果。他是来征求我意见的，我们交流着看法。在我们的大城市，人们以社会性填塞孩子；为避免这种缺陷，此地将营造一个空间，一个帮助灾区少年儿童抹去孤独宇宙性阴影的空间，内心千呼万唤始出来的建筑构图，它以独特的画面开始讲述自己的身世和故事。

图中的概念思路，反映了建筑设计师娴熟的功底。有些小的遗憾，比如台地宽宽的阶梯，粗看上去若用水泥铺成，将来绿地的成分就会较缺少一些，但我完全信赖建筑师会不断地修改完善，以他们出色的空间想象力，只会做得更生态。而我，如果有可能，更乐于努力从语言的角度去阅读它。

从时间上看，建筑师从理解场所到构图，下了功夫，而我们盼望有一个真正的设计蓝图似乎已经很久了！但谁知道他们要做出一个匠心独具的作品，却是要凝聚诸多心血的。而旁人看问题又是多么外观，似乎图纸一出，便可以付诸实施、破土动工了。

世界就是一些有意义关系的模式，一个人存在于其中，而且他或她也参与到这些关系的规划、设计之中。澳大利亚华裔艺术家吕·卡尔·卫民先生（Karl Weiming Lü）被邀请为本建筑设计创作一雕塑作品，卡尔有建筑学背景，2010年11月2日在给我的邮件中，提及建筑的设计方案，说整组建筑"具有鲜明的蒙德里安（Mondrian）色彩，适合青少年宫建筑环境。整个建筑环境布置中有若干空间可以考虑配置雕塑，包括，由陆激博士设定的三处位置。"他打算先理一下雕塑创作（设计）思路。然后再了解一下是否可以在国内制作完成（可能需要金属、石料等制作加工）。

此前，雕塑家林岗先生听我介绍青川县大批少年儿童受灾情影响，他提出一个能给孩子们童年天性带来一片阳光的作品构思：创作一个以格桑花为题材的雕塑，纯洁的格桑花，在青藏高原的野外山岗、在生态环境优越的高海拔地区，随处可以看到，如果用不锈钢造型，然后烤漆制作出来，远远望去那鲜艳的花瓣一大片，最能唤起一片欢乐阳光的童心，最能帮助孩子们治愈心理创伤。经他这么一渲染，我似乎一下子体验到一幅画面的视觉冲击力。

陆激博士设定的三处位置，为林岗和卡尔构思雕塑作品预留了空间。我期待看到两位以自己对关联世界的理解，以一种内在幻想构成的强度，释放出生机活力的创作动机，留下不朽之作。

不久，卡尔又来函，提出三处雕塑空间中的一处为金属壁雕或马赛克壁画：可采用不锈金属板雕，或改为丹青色马赛克壁画；壁画则以单一水墨画青色效果为佳。该壁雕形式为具象；主题为"四海一家"或"情系四海"，内容为"震区当地特征景观＋杭州西湖＋澳大利亚悉尼歌剧院"。此一主题所展示的是一个与世界相关联的交会。世界在每一时刻都与亲临其境的这个人相关联。

谁能料到？2010年12月1日，青川来电诉说——天然排洪沟边上的三颗大树被人砍去。这令人措手不及的意外事件，令我痛心不已。整个建筑都是围绕这几颗野生大树来设计的，树被砍去，也意味着见证历史的标志性生命，在这块土地上消失了。斧头和钢锯的声音，依然是碎片，就像岩土中穿过的气泡。它们意味着对树木怎样的被伐倒，这一伐倒又会怎样在我身上唤起一种隐藏很深的、被绝望遗忘了的树的痛苦？但是，说到底，这又有多少严重性呢？我虽然脑门发紧，膝头乏力，却突然觉得自己在这半夜时分，从如此高的地方，仿佛听见命运在敲这座建筑的门。给陆总打电话，告之以情状。并说暂时别跟董院长说。我不希望树的遭遇在中途传到提出这一设想的人那里，毕竟这设计方案的构想提出不过四个多月。

在这片12月的寒气和冷雨中，时间本身也陷入其中。我等待着苍白而透明的积雪。自然界赐予这块土地的树木精灵，有鸟儿的歌唱，有早晨宁静空气的苏醒，也有溪泉的回应。它们遭遇的不是截肢，而是被砍伐。如此催人心痛和伤怀，如说乡愁者，谁愿意相信它是真的？无人能够单凭一跃便能通观全局。就像是写一本书，写建筑这本书永远是艰苦的过程。我们总是倾向于只对之梦想而已，但建筑之梦被现实打碎是常有的事。有这样一些乡愁的倾心者，当他们力图把握这座建筑建造理念的方向时，发现自己有时会处在一个难以用通常的意识来思维的领域。他们的任务已经完全超越了逻辑的范围。树被砍伐，再次把我们带到了巨大痛苦的矛之尖端。所幸者，建筑师以高度的社会责任感坚持重新再来。蔡工平静地对我说：没事的，我们重新来过。极为平实的话语背后，是他们付出的辛劳和职业操守。是的，这儿风情未改！它生长、成熟，活着的和倾心的一切依然忠贞。手绘的图、实地的照片——呵护着一座园林的园丁还在。只不过，这第一轮的图纸虽在，它留下的短暂希冀和想象空间，永远地定格在了记忆中，如今真是"此情可待成追忆，留得残图纸上看"了……

有这么三棵树型高大、叶色鲜绿的刺槐（有说是榆树、苦楝），在立地条件差的环境中，临风摇曳，楚楚生姿，真是不可或缺的乡村庭院树种。我能想象它们每当开花季节绿白相映，素雅而芳香。若仍有几只喜鹊飞来飞去，那友好的场景谁不喜爱！我曾在这三棵树下，拍摄到一只在地下觅食的喜鹊，大摇大摆地走着，蓝黑色的羽毛发出绸缎般的色泽。这样的场景，令人蓦地兴起思乡之情，依稀可见几位建筑师在林间看着地形图，比划着今后建筑愿景的情状，犹如另一种诗的行吟。可是村民们可能还不知道，这些与他们相伴为邻的树木已经在小坝这块土地上永远消失了；它们曾经在手绘的图纸上出现过。而今只剩下它们的影子，这种伤感令我情不自禁地忆起一首诗。这首诗就叫《三棵树》[1]，最能印证我当时的心境：

> 三棵伐倒的树
> 弃在小路的边缘。
> 伐木人把它们遗忘
> 它们亲密地挤在一起交谈，犹如三条盲汉。
>
> 歪歪扭扭的那一棵
> 把巨大的臂膀和抖动的枝叶
> 伸向同伴
> 两个伤口像一双眼睛，表达着哀怨。
>
> 伐木者把它们遗忘，夜即将来到，
> 我愿与它们厮守在一起
> 用心房接受柔软的树脂，
> 那树脂将会像火一般把我燃烧，
> 而天明时我们将无声无息
> 被一片离别的痛苦所笼罩。
> （陈光孚译）

记忆需要犁沟，一如大地。今天我们爱屋及乌，将痛苦的事情接受下来。读这首《三棵树》时，诗人让我们用心房接受柔软的树脂，去感知三棵厮守在一起

注：[1]《三棵树》作者，[智利]加夫列拉·米斯特拉尔 Gabriela Mistral（1889~1957），1945年诺贝尔文学奖获奖作家。

的树天明时离别的痛苦，那就任逆境如何涌起，去走向燃烧的观看——让那离别的痛苦来沾溉我们的心魂吧。要不然，我们就去念念《诗经·甘棠》，那里边讲述的：棠梨茂密又高大，不要剪它，别砍它——召伯曾住这树下。在这里，我们同样以悉心爱树的深情，寄托着对那段往事和场景的怀念。

九

艰苦的筹款工作早在2009年春就开始了。那个时候，要抓住一个机会真不容易。心，扎根下来，任凭风雨交加。事情，却踩在湖畔沙滩，浮游在浪波之上，又让你不够踏实。到底要筹款多少？去哪里筹？省红十字会吗？去了。负责接待的纪处长非常热情，认真记录，也给了宣传的各种小册子。然而眼下却没有现成的款等你来拿。2008年大地震发生时，红十字会是政府、民间和灾区的重要桥梁，民间企业和单位、个人，各种渠道的资金流、物资流，都是从这里作为起点，源源不断地把来自各地的捐赠输送出去，非常壮观的全社会行动。当听罢这个待建援助项目的介绍，纪云松处长和他的同事都觉得确实重要，只不过，地震发生后不久，大量资金、物资都在第一时间捐运到灾区了，因此红十字会对青川工程的困难也是爱莫能助。

当年却是另一番情景！精神食粮，声声祈祷，抗震救灾的物资源源不断。而眼下纵使急如星火，也唤不来新的调度。生活从未给我们机会去凝视一条笔直大道，就像工程师和设计师遇到小坝这块土地，并不是平整的，地质勘探显示出来地理环境的相对脆弱是明摆着的（乔庄镇总体规划中显示，小坝北面的山坡上即有一条地震断裂带穿过），筹款也一样，具有许多不确定的挑战，这样的局面可没有像你修改语言句法那样便捷。你必须重新闯入使人晕头转向的丛林。

不存在现成的、有形的和已经在运作的世界。我们所拥有的是无形的、缺乏经验的涌流。想想，就像是你突然紧闭双眼时看见的，那闪烁着的、断断续续的视域范围或称之为存–在。我们并没有获得任何外在或独立的财政资助，所做的一切都是凭着朴素的情感和信念，通过不断地沟通完成的。也只有像风吹过燃煤一样燃烧起来，通过不断的社会沟通，让殷殷之忧化作行动，才有可能迎来希望：一个工程的全部活动就是它的命题本身。

突然，不，努力过后，努力过后，你感到不能待在那儿原地打圈！还得自己想尽一切办法去突破，是的，必须做好准备，把该顶上去的，都得顶上去……我们的同胞，长眠于大千世界之下，直至某一天，某种神奇的力量驱使他们从九泉之下重返人间……他们对孩子们的祝愿并未落空。在规划立项前期就开始不间断地行动，在最苛刻的条件下去行动。

他会浓烟滚滚地冲出
压扁在饼中的命运的泥淖。
如同谈论泥煤，后辈们会说，
这种时代可以燃烧
（注：引自帕斯捷尔纳克诗）

这是一场关于梦想与勇气、灵感与精神、知识与行动力的社会实践。不管路况好坏，路遇的湍流多急，从行路难到一个待援建项目的突然出现，能低着头一溜冲上去，会给人以快乐与阴凉。我们没有时间去研读《行动研究》之类的商业书籍。当资本和物质在挤压我们的生活空间时，我宁愿每天读几首诗来鼓舞士气。从古到今，许多热爱诗歌的人，不都和我们一样，以一介布衣，在人生之途颠来簸去，落魄也罢，奋进也罢，唱唱家园的乡愁之歌，然后去生活。

中华民族具有伟大的诗歌传统，我们现在的生活和工作太需要从诗歌的养分中汲取灵性和美的感召力了。时不时读一读诗歌，偶有诗成则更好。没有比传统诗作中描绘的生活那样更生态，更能迅速帮助人消除一天的疲劳，也没有比怀念故乡的森林、原野的词语中几丝压抑、惆怅、悲凉与无奈，更像诗中的语言那样窗户敞开。而最重要的是，在青川所遇到的一切，使你感觉到乡土乡情和乡愁本身就是诗创作的源泉。

诗歌曾经式微，这是不争的事实。然而，谁也没有想到，当汶川大地震发生后，竟然有那么多的人写诗，以至于出现众多的诗歌朗诵会。这是诗歌能为我们人类服务的明证。它能激励人对不幸命运的种种抗争。诚如吉狄马加所言，这是因为诗歌能唤醒一个人内心柔软的部分，能够抚慰人心，安妥灵魂。我还要补充一句，诗歌的"诉说"不仅可以抚慰流血的心灵，还能够点燃那进入温柔之中的精神的火焰。诗歌语言本质上是寂静的轰鸣，它庇护着歌者这一族群在内心柔软时点燃身体勇气、道德勇气、社会勇气和创造性勇气。

诚然，诗歌中没有权力，也不能让人饱腹，即使你心里装着屈原、李白、杜甫、苏东坡或更多的诗人，老板也不会给你发工资。可是，请别忘了诗人帕斯所言：太阳就是你的老板，你一天流的汗就是你的工资。

十

建筑师没有气馁，业主方代表、我本人都没有气馁：我们不愿瞻前顾后，而愿踏坡攀行，任凭山涛晃悠。但何以遂愿？瓦屋上的阳光，干燥的土灰，背篓和村舍的树荫俱入眼帘。平民百姓手上的老茧，餐桌上的土豆、酱菜和腊肉，命运中负伤的心灵和点燃的旱烟……小坝土地上这独一的建筑，已在鸣响，鸣响在它的胸膛。母亲河河水涌流，世界的每一刻都与这些个人相关联。

设计需要解决的根本问题（一般指不利因素）通常并不明确，而且面对未来也存在诸多疑问。它所面临的变化，你永远不知道明天会突然冒出一个问题是什么。但设计过程的结果是具体设计方案的最后成果，完成之后即成为一个独特的构筑。无论是个人事务所还是一个设计团队的解决方案都基于他们的专业知识，这直接影响设计成果。当然，在此，解决方案往往不止一个，如果不考虑它的复杂性或者常规性，无论对于大尺度项目或者小尺度项目而言，标准化的节点处理都是普遍适用的。

我们已然做好了最坏的准备。这一建筑的命运路遇的艰险是不确定的,它能够抵抗多大的击打?我们的灵魂里并未枉有忠贞。常常是,当某人被不确定的浓雾围住,我们常感惊讶,无法解释。

2011年3月的一天,青川突然又打来一个更让人心惊不已的电话,说是有人将我们这块场地上的土挖走了,好深的大坑啊!据说雨一下这里都变成了一湖水塘。谁会这样呢?浙江省援建队伍撤离后,据说有当地的施工队伍就近作业,拿这儿的土挖走去做回填土了。这块地的土层被很深地挖走,整个地形地貌都变了,原以为三棵大树被砍伐,虽然留下了巨大的缺憾,但至少可以修改图纸实现施工了好不好?如今,不仅直接导致建筑师做的设计图全部作废,而且这是在筹

现场的土被挖走了,好深的大坑啊!雨一下这里都变成了一湖水塘(笔者摄于2011年11月13日)

款最困难的阶段，一切设计都只能废弃重来！这种随意性的挖土对岩土持力层的影响程度如何？地基处理可以吗，安全度又如何呢？费用又将增加多少？带着一大串焦灼，我跟浙大院勘察分院周群建院长通话，请他评估地层松动对地基的影响，给出应对技术措施及所需费用。他估算土方回填至少得增加费用9万元，地基处理要采取措施不只是夯土那样简单，这还远远不包括后来新的设计中出现的360多平方米架空层结构所需的费用。这真是雪上加霜。

劳顿不堪，万分疲倦。补窟窿，必须理性地了解情况和处置措施。最重要的是要有地勘报告。后来在浙大院做的本项目《岩土工程初勘说明》中，我了解到地勘工程师对该场地地震效应分析与评价：

根据《建筑抗震设计规范》GB 50011—2010的规定，拟建场地的抗震设防烈度为7度，设计基本地震加速度值为0.15g，设计地震分组为第二组，属抗震不利地段。

关于场地土类型和场地类别：根据本次勘探结果及附近地质资料，可确定该场地地基土类型为中硬土，场地覆盖层厚度大于5.0m，综合判别该建筑场地类别为Ⅱ类。

而饱和砂土和饱和粉土的液化判别是：根据本次勘察结果，拟建场地20m深度范围内基本无饱和粉土粉砂分布，不需进行液化判别，因此本场地为不液化场地。

这份《岩土工程初勘说明》的用武之地在于给出了小坝这块土地的岩土工程地质层分布及特征、场地水文地质条件分析与评价、场地地震效应分析与评价、地基土物理力学指标及设计参数确定、地基土评价及持力层选择等。关于应注意的岩土工程问题，说明中写道：由于拟建场地内局部原为民房，局部分布有冲沟，填土厚度变化较大，施工时基础应落深至持力层；由于拟建场地原始地形呈西北高东南低，基础持力层面稍有坡度，基础设计及施工时应注意持力层坡面的影响。

《岩土工程初勘说明》的结论与建议是：

（1）拟建未成年人校外活动中心可以考虑采用②-1层圆砾作为天然地基持力层。

（2）拟建场地原始地形呈西北高东南低，基础持力层面稍有坡度，基础设计及施工时应注意持力层坡面的影响。

这是很专业性的建议，必须交由与之对接的工程技术人员来处理。地勘工程师对自然条件如此恶劣的地块，清晰地表述了活动中心可以考虑采用②-1层圆砾作为天然地基持力层，对于房屋建造的安全是很重要的。但是，将来的建筑是否适合基地承载力要取决于基础设计、建造、安装和布局的技术以及监督的质量。工程师在现实中没有回避这样的拟建场地，而是给出了原始地形和相应技术建议，表明了他们与这座建筑一起共命运的科学态度。

2011年11月13日，我和浙大院几位给水排水、电气工程师一起飞往青川。业主方召集城建、水利、消防、文教等部门的人开会，对浙大院出的图纸进行会审，提出修改建议。因为这时候建筑师已经把为青川重新设计的第二套方案最早版本的电子稿发过来了。

眼下我们到现场看到，下雨后这里就是一个大水塘，四周的土堆得很高。站在土堆上看下去，感触颇多。我想知道它究竟有多深，便设法下到接近"水塘"底部位置一块凸起的临水皋陆，从那里举起手臂测量，估计从底部到地面足有2.5~3m深。从那里出来往南走，我拍到照片——水利部门正在施工的基础设施、原天然排洪沟的位置砌筑2m宽的排洪渠道，引流过来，向乔庄河而去。渠道上面，以后会有水泥预制板盖上。这条渠道将要斜刺穿越"水塘"（将来建筑位置的下方），这给建筑的构造设计增加了难度，不仅工程量要增加许多，也意味着需要砸下去更多的钱——对我们的挑战和压力更大。这时，南面不远处的县全民健身中心建设已结顶了，给水排水、电气工程师跑过去看从哪里水电线路可以接过来，以确定哪些图纸要进行修改。

十一

相信我，作为一个民俗文化的称道者，我写的东西是挂一漏万。不过，谈论青川而不提这里的方言、习俗、人，无异于抽走了我给您提到的乡土之魂。可我之所以这样做了，告诉您那种语言生成的魔力，那种人与人之间交往中透露出来的川味，只有去感受，才能领悟到一种地域语言文化的精妙所在。借此，我还有机会说说乡人保留着的乡土风俗。也说说现在看来似乎是一桩轶事，但在当时确是件极为严峻、引起高度紧张和担忧的往事。如此重要的往事，却从未被人提及。它涉及无法回避的责任、辩护和担当。此处是一些零散的笔记，以弥补遗忘，是一些回顾，一些最朴素的感言。

四川方言神助着我们对它的听。它蕴含在自身语言的精神中，这使得它无时不是鲜活的。可以这样说，一种纯正的语言，它在自身精神中涵养着向世界、向人及人的创作、人的行为、人的乡愁之幽默和绵长。给世人留下印象最深的，莫过于天才诗人李白的浪漫主义代表作《蜀道难》中的巴蜀方言"噫吁嚱"。

我最早读李白诗还是在童少年时期。"噫吁嚱，危乎高哉！蜀道之难，难于上青天！"那鲜活灵动跳跃的语言，那熔铸了地域方言、古汉语、日常口语等多种语言形态的活性元素，如今只要一吟咏它，仍然会感到这诗得以成诗的语言，此一高度与恰切正是源自方言活水的滋润。多少年过去了！这两句统摄全诗的诗语，那种为全诗奠定的咏叹基调，如今真是"还注到心头"。宋庠《宋景文公笔记》卷上："蜀人见物惊异，辄曰'噫吁嚱'。"诗人的想象，正是见物惊异时对方言的活用。惊叹、想象、极度的夸张，逾越了事物性质的极限，基本上是超现实的。让我们惊叹不已的，是《蜀道难》成为语言创造之高峻、急促奔涌，是那种我们据此将李白的想象力，标榜为汪洋恣肆的楚楚入诗的声色。试想，如拿掉了妙不可言的惊叹助词、发为声色的语音语调，一旦语言缺少了方言这种源头活水，此一高度与恰切的诗作又如何能流向乡土和世界呢？

我对四川方言的兴趣，还来自于平素与青川朋友交往之间的听。比如小坝的

"坝",若按照常用的汉语理解,坝是指拦截江河渠道水流以抬高水位或调节流量的挡水建筑物。再专业一点,比如"拱坝",指的是通过拱的作用将大部分水平向荷载传给两岸岩体,并主要依靠拱端反力维持稳定的坝。如这样来解释"小坝",那就大错特错了。原来,"坝",在四川方言中,意为"平地、平原"。"坝,蜀人谓平川为坝"。今四川人仍称"平地、平原"为坝、坝坝、坝子。这样,"小坝",在多山的青川,在县城乔庄镇新规划区,有一块小小的平地就变得可以理解了。

四川方言的特点是生动、机智和幽默;且又有它独特的语法特色,明显特征是习惯于副词、动词和形容词的后缀,强调的语气比较重,比如普通话说"很高兴""很舒服",用四川话来说就是"高兴得很""巴适得板"。重庆话在这里的"板"是动名词般的形容词,惟妙惟肖地表现了那种难以言状的巴适劲,这韵味十足的方言,似乎在告诉我们,人是可以负重的,同时又可以做到极度地放松。

四川菜系的口味,喜欢在食材中加入辛(麻)辣元素,连朋友熟人间"算谈子"(川方言:开玩笑)都是这样,有一股火辣劲,拼的是语言谐音等方面的机智、转弯。其实四川人如火锅般热辣爽快,又似绿茶般清香而韵味悠长。温文敦厚,柔意诚,理直不气粗,被人误解也不暴跳如雷。算谈子犹如地道的重庆火锅,八角(大料)、香叶、香料配比,具体到克。作为江浙人,开始时你只有愣着的份,但慢慢地不仅有些听懂了,回味起来,多了一份文化和乡情的厚重。四川人的文化品质,就是干任何事情,绝不咋咋呼呼,开始时总是默默无闻,而一旦到了关键时刻,就会轰轰烈烈、闪光发热。

2012年3月,某天,蔚栋主任来电,说小坝这块地,可能要被移作他用。他说话比较沉着,我听到一下懵了。这太突兀的消息,让人猝不及防。个中原因,正是因为县里可供建设用地指标的地块实在太紧缺了,其他有需求的重要建设项目要来争这块地也是无可非议的。只是这两年我们一直在为前期立项、筹款、建筑设计等所付出，一旦地块被别的用途"抢走"，一切都将前功尽弃！

来争取这块地的是常务副县长彭县长，据说，他带了相关部门的同志都到现场来踏勘土地了。彭县长，我在杭州曾匆匆见过一面，不熟悉。听到这消息，我担心得要命。心痛、无助，难以言表。因为这是县里领导层来争取这块地，我们作为援建者是无权过问的。早在2010年2月，县规划建设部门已给南面的县全民健身中心绘制出了红线图，它北面这块地并未标注为活动中心用地。但是，自从2010年6月县委常委会开过会以后，6月13日青川县发展改革局是下了文件的。《关于青川县未成年人校外活动中心建设项目建议书》（青发改发〔2010〕609号）给业主单位县文明办已有批复——当时我镇定下来，感到在"完"这个词降落之前，我们还是要去争的。一份感受，一堆理由，验证自己对青川感情的时刻到了。我给县委常委、宣传部马健部长[①]打电话，叙说了听闻到的消息。在电话那边，他听了也感到很意外。我分析了在这块地上建活动中心有利的一面，请他尽量据理力争，因为毕竟规划布局这块地还未定论啊。

不知道有多少胜算。一方是县委常委、宣传部长，另一方是常务副县长。他们都经历过大震后灾后重建的极度困苦，为了建设新青川，在工作上，都是极有底气，敢担当敢作为的人。马部长在电话里抛了句重口味的话，并说："这个周五我找向书记到现场办公——"这是一场个性的对决吗？不，是客观的、理性的科学论证，县委向书记到现场办公，他要根据最佳需求来定夺，最后要拍板哪个项目优先。现场办公！这不是气话，而是实事求是的办事作风。我在1800多公里外的浙江杭州，内心焦灼地、满怀期待地等候关于本项目去留的最后定夺。周五下午传来消息：说原规划项目不变。闻此消息，我真是长长地舒了一口气！真理真理，有时候这理，看来真的是要靠争出来的——"这个周五我找向书记到现场办公！"，反映在四川方言的语音语调上重点是在"这——个"中的"这"字是个延长音，它表达了一种对决心的强调。另外，从规划角度看，马健部长的坚持是理性的：可达性依赖于就近出行。应该考虑将各种良好的功能空间紧密地联结、建设在一起。本项目落户此地，考虑了生活小区、学校与活动中心的地域线路，道

[①] 笔者注：马健同志也是本项目建设领导小组组长。

出了科学的看法。

倘使县委向书记现场办公，意见稍有倾向到另一边，那么，本工程所有的前期努力和大量精力投入、积年的心血、实现此一建筑的梦想和指望，都将迅速归于零。现场办公：公允，客观。青川县的父母官不计个人得失、实事求是和硬朗、较真的办事作风，给我留下了极深的印象。

马健部长，在县城乔庄镇可利用土地资源承载极其有限的情况下，在本援建工程立项与否，以及项目启动以后，面临建设用地移作他用的巨大压力下，是他挺身而出，成功保住了这一重点项目的建设。他对友人尤其淳厚与大度。在援建活动最困难的情况下，总是给我们以信任与呵护，患难中见真情。

自那以后，随着去青川的次数增多，每次到工地现场、到农村家访、到周边古镇、到生态保护景区，我对这里的乡土文化，对朋友的友情、风格和视野，有了更多的认识。

上述这件事也使我意识到，时机，一定要把握时机，不要非等条件完全成熟再上马，小坝这块地差点擦肩而过的惊心犹在。2012年5月，我打电话给苟主任，说6月1日快到了，可以举行奠基仪式了。他了解一下平整和搭建场地等大约需要3万元，我说该花还是要花的——一个简洁的场所，一个搭设的舞台，这座建筑的命运就此登上这块土地，而且要一步一脚印，只有工程在此奠了基，一切才算是真正扎下根来。

十二

呵，芳草萋萋的山坡，和风朗朗又见薄雾。看吧，群山为创造者效命，舒心忙碌地准备工作，也给树丛、汪汪积水，洒下了一层青色的光辉。翻山越岭，我们又来到了青川县城乔庄镇。

2012年6月1日，小坝的建筑迎来了它的奠基日。入午时分，明媚的阳光开始有点晒人。似乎真的有传说中的火鸟飞回来了，带着炎热的气息和夏天的热情来到人间。举行仪式的场地布置得活跃、亲切、简洁、大方，令人耳目一新。人们用铁锨将土丘和水塘铲平，用沙土铺成了现场。这是以自然环境为背景而营造的生态舞台，坐北朝南，远处是一碧的青山，头顶是蓝天和骄阳，而小坝这里，一个临时用木桩和木板搭建起的舞台，一袭红色的铺毯铺地，带出了再朴素不过的喜气。空气里吹拂着温热的风，场地里来了好多学校里的师生、县城的机关干部，还有附近的老百姓。

这是一个重要的节点。业主单位在场景布置上非常到位：既朴素，又不失场地氛围的活跃。华表造型的红色气柱伫立在舞台两旁，气柱上用白色楷体字各竖向写着"感恩祖国"和"关爱成长"，气柱上方，居然还有蛋黄色柱头造型，柱头还横插一块云板。柱头上的部分又叫"呈露盘"，跟"感恩祖国"的寓意两相呼应，真是相得益彰。

华表，是一种中国传统建筑形式，以气柱形态渲染气氛；文字，宣告新的日子来临。我们从小时候就熟悉北京天安门前后各有一对汉白玉华表，它既神秘又让人敬畏，实际上它已经与中华民族和中国古老的文化紧密相连，从某种程度上也可以说是我们民族的一种标志。

中间布置有大幅红色膜状舞台背景，宽足有20余米，高约3.8m。幕布中央，书写着"青川县未成年人校外活动中心"几个白色大字，下面一行"奠基仪式"几个大方块字，蛋黄色的字由咖啡色勾边，背景幕布右边下方是浙大院设计的建筑图造型，两边有飞翔的鸽子造型，天空上有星星闪耀。靠近背景处的铺毯舞台上摆放着一排高约1.5m的散尾葵，台前是一排海棠花和金边吊兰一盆盆交叉摆放的盆景。仰望花园上空，有几只硕大的氢气球，点缀飘荡在淡蓝色的天空中，带来轻松和放飞的心情。条幅上写着文字，映出一种通透的美：

（1）爱心播撒祖国希望，感恩奋进关注未来。

（2）优化未成年人成长环境，共建和谐文明美丽青川。

（3）浙川同心真情系孩子，援建情深爱心献未来。

（4）关注成长的心灵，播种灿烂的明天。

满怀着神圣之情，诸位代表走上台，台中央竖立着麦克风。台前场地的沙坑里，竖着一块镌刻着隶书"奠基"二字的石碑，字体由红漆漆过，上头覆盖着红绸结成的大花朵，显得格外醒目。十几把崭新的铁铲，斜向插进沙土上围成一个圆圈，每把铁铲的木柄上也结着大红绸花朵，等待着诸位代表来为这独一的建筑奠基培土。明亮的天空上飘着几缕游丝般流散的云彩，与瓦蓝的天空自然交融。

大会由马健部长主持，董丹申院长、李建平老师和我代表援建方讲话，接着是一个胖乎乎的可爱女孩走上台来，代表全县中小学生读感恩的短文，最后，罗家斌副县长代表县人民政府讲话。每个人都讲得生动，仿佛掏出多年来心底珍藏的梦境。接着，代表们走到奠基石碑处，为这座青川的建筑培土——将神圣的职责引为己任。

此刻，站在小坝这块土地上，面对青川的母亲河——乔庄河，我的心情难以平静。两年以前，和浙大设计院的建筑师、岩土工程师一起来这块荒地踏勘现场的情景，一下涌上心头。

现在浙川同心真情系家园的朋友们，聚集在一起，共同见证青川县未成年人精神家园建设的奠基仪式。一朝步入园中，怎能不感到援建者和青川儿女心脏默默地脉动，一切都将以某种方式由此扎根，生长。

经历过大灾和风雨洗礼的人们怎能忘记，人之至爱，莫过于凭着自己的忧思之劳去发现、创建、扶持和抚育的每一件事物。因为当苦难突然降临人间的时候，他们都曾经这样扪心自问过：这个时候在我身上发生了什么？我的周围发生了什么？我真正体验到的是什么？我决意要做一件事情的理由够鲜明吗？这时候，你不会忘记——你甚至会尤为强烈地意识到——睁眼的伤口，闭眼的废墟，打开的黑暗和熔岩中，将有一个崭新的青川诞生出来。

大地震过去，到工程的奠基仪式之日，已整整过去四周年了。每一次到青川来，震区的面貌都在发生着很大的变化。不仅是河流、山脉、土地在这儿，家园也在这儿：遭受自然灾害毁坏又重建起来的桥梁、房屋、街道、公园……还有顽强而乐观地生活着的人们，都在这儿。虽然经历了山崩地裂、河流改道、家园破碎，生成的事情却无时不在发生着。

然而，话虽然这么说，只要青川县未成年人校外活动中心一天不建起来，不知为什么，我胸中就一天不是滋味。几年来，每一位为这一建筑而操劳的朋友，谅必也一定会感同身受！觉睡不好，吃饭也不香。大家都知道，山区县城用地指标是多么紧张，一条地震断裂带就从老县城穿过，但新的县城总体规划向西扩展到高家院、上坪和小坝一带以后，一直到2010年6月，我们一直牵挂并争取着的项目却仍然没有被列入规划中，这曾让人不安、揪心不已。

也就是在这样的背景下，我们不会忘记，两年前的2010年6月，县委常委会召开专题会议，会上讨论决定，为了全县数万名孩子的健康成长，宁可放弃一个房地产开发项目，也要把这个项目推上去。正是这种目光，为我们心中决意要建的这座"青川的花园"建立了新的根基！

是啊，和青川人民一起经历了灾后重建的艰难时光，经历了向新家园转变、从困难走向持续好转的时期。这是一个从悲剧向壮剧的转变，是一个历经数年的延续至今而且还将继续延续下去的故事。在这个故事里头，我们大家一直在倾情合力成为园丁的角色。因为就在我们站立的这块土地上，将有一处至精至纯的诗性花园被建设起来。

站在这临时搭设的大会舞台上，看到前面一排排站立着的中小学生，我们更垂爱有加，孩子们正竖起耳朵听我们对着话筒讲话呢。孩提时代，人们向我们指出那么多事物，以致我们失去了听的深刻意义。而成年人怎么会向我们指出他们已经失去的世界！我只明白一点，台上台下的人都是这个故事里的主人翁，永远的父老乡亲与你很默契。度过几年时光，在经受一番艰辛之后，凭着对这片家园土地持久的爱，终于可以直接宣布此地就是创造一座花园建筑的工程现场了。

我走遍了城市和乡村牧野，所到之处看到过各种不同民族的人，见过不少与当地气候、地理、自然风貌和民族风情结合得很棒的街道、村寨、民居。现在我们终于可以尽兴出力，从头到尾来共建一座心目中的建筑了。

此刻，看着台前可爱的孩子们，一下唤起了我的童年记忆：那是个放暑假的盛夏季节，在杭州的深巷，我见过质朴的农民挑着一担用细竹条编成的叫哥哥小笼，这在城里很稀罕少见。午后，听见那昆虫的大合唱，我们就跑向弄堂口。好大一担小竹笼！妙就妙在它按建筑学的准确度把一只笼子安在另一只上方，每只笼子里都装一只捉来的叫哥哥，直至形成1m高的城堡。叫哥哥是杭州方言，即蝈蝈儿（昆虫名），体长寸许，色绿，腹大，翅短，雄的前翅基部有发声器，鸣声短促，常出没在夏秋田野间。城市里的孩子，把装有叫哥哥的小竹笼放在院子里，挂在树枝上，每天饲以小块瓜果，听其鸣唱，真是其乐融融的事情。今天，我们要以另一种方式把建筑师构思的另一座城堡，在六一国际儿童节，作为许诺赠送给青川县的孩子们，处于童年时代的娃儿们，今天收到一个如此难忘、如此质朴的许诺。

"确有那么一处真正的花园，我们谁不乐意将它视为故乡的乐园，虽然我们现在还无法在现场一睹它的风采。但建筑师们经过努力，已经绘制出了这座花园建筑扩初设计的蓝图，下一步将要投入施工图的设计。这座建筑，在我们心目中，一直亲切地叫它为'青川的花园'。当然，诚如大家现在所看到的，这里的周边环境并不供我们坐享其成，唯有奉献自己，付出日复一日的汗水，才能营造成为娃儿们的乐园。"我在讲话中如是说。

这里存在着一种意义，参与这项活动的每一位成员凭借着他们所承担的一切，凭借着他们与这块土地的亲密关系，成就了某种东西———一种对社会机体生存、成长和对心灵有益的东西。

如果说，人们把创造者的作品视作一系列孤立的见证，这太常见了。殊不知，在创造性的交会活动中，要经过多少磨砺，才能锻造成一件优秀作品。而此刻，震区的亲人们、企业家、丛书作者、建筑师、院校教师、艺术家和出版社编辑等各尽所能、各司其职，一部好的作品的诞生，不仅是完全有可能的，可以具有它完整的意义，而且不再是一件孤立的见证。

"作为青川家园建设中的一员，我们会坚守住信念和责任，既然和大家一起风风雨雨地一路走来,既然为这座建筑的命运一路走来,就一定会一直走下去。希望我们共同配合,不断克服困难,共同助长和促成,倾注我们的忧思、实现我们的关怀,把我们心目中的这座'花园'建起来,并且真正建设成为一个体现爱的场所。因为孩子们需要这样一个场所,因为他们今后的人生道路需要遭逢一个新的事件。"

如果说人类常怀千岁之忧,那么一份份具体的牵挂就是我们谋求解决的一个接一个困境和难题,好比故事情节随着时间推移而趋向于推进、演绎。

"朋友们,今天是六一国际儿童节,回首我们走过历程的甘苦,忧思和关怀的故事还没有结束……

你,青川的天空,多么碧蓝,浩瀚无垠;你,青川的群山,多么壮丽,连绵千里!只有你——灾区的家园和孩子们啊,才是我们心灵之所寄!"

几年来心灵所寄的话语,真是一吐为快。奠基仪式结束了,带着一份责任、信念、友谊和眷恋,大家留影合照,留下纪念。下午,刚下完一阵雨,忽而又雨过天晴。风儿清除了远云,平息下来,太阳把光彩朝大地抛洒。绿色的叶儿晶莹滴翠,天空在云隙间多么喜悦,小草儿心田里多么欢畅!

十三

犹如一本书,此一工程集合的声音来自多重学科、专业和社会职业。这是一个业已构造了多年的多层次的故事。我因此深深地感激我的同事和朋友,来自浙江、青川、北京及国际的乡友,对于很多对话来说常常可以转化为我自己的问题。我很幸运,在这些年,以工程安全实践、建筑、规划为学习课堂和服务背景,在此,与友人们一起,不断以不同的、意想不到的视觉、听觉来感受活生生的空间体验。

我选择了分担责任的艰难道路。鉴于社会勇气是一种和其他人建立联系的勇气,包括不得不陷入尴尬境地,以达到有意义的信任关系的能力,当然也包括倾听不同建议意见的能力。在自觉保持一种奉献精神的同时，就需要坦然接受社会交往中遭遇的难堪和失败，本真的社会勇气要求我们同时在多个层面保持社会沟通。只有通过这样做，青川的建筑才有可能一砖一瓦建起来。生命植根于鲜活的实在之中。绝没有不能克服的疏离和隔阂。条条道路都通到同一点：用我们自己的内心感受去感染人。我们相信这一点恰恰是因为当人理解人时能够产生一种真正的换位。

我在电脑文档里建有一个文件夹，取名"铺路"，凡是跟铺路意象有关的事情，抑或想法，从技术专家对工程某一节点问题处理的建言，到设计师、监理工程师对难题进行讨论的要点；从与青川工程业主方的协调对接，到我自己对铺路意象理解的只语片言……都收罗其中。虽说内容芜杂，但我却将它当成一个百宝箱。它能为工程的走向指路。有时候路面坑坑洼洼，或简直就没有路。但有了这行箧，似乎跟希望中的预期更贴近些。至少标示了一张行进地图的某段路标。你会真正意识到：人作为社会动物，为了工程本身，必须彼此配合，我们需要做的就是为工程协调和进展铺路。

现在看来，整个青川工程不仅是一个生物有机体，是一个复杂的自我维系的能量运作系统（包括它的很多子系统），每个子系统在维系整个有机体的生命中都扮演了一个角色。它们都是活跃的有机生命系统，在工程进程中必须彼此打通。

需要注意的是，当相距1800多公里的每个人之间全神贯注于一个援建项目需要现场处理的问题时，他们完全意识不到"道德"，根本不是将灾区当作客体。恰恰相反，如同有人说的，这类技术性活动是"出神地内在性的"，唯有专注于克服扑面而来的各类难题方能前行，比如：最初文本说明阶段的决策将深刻影响概念设计，并且最终还要影响到随后的细部设计。又如，如何避免工程安全事故的发生？唯有高度警觉，并有实践预案，才有可能真正做到防患于未然。

工程施工期间，除了援建的监理工程师是全天候旁站，不只是我，还有青川各有关部门的朋友，工程主体各专业建筑师、工程师、装修设计和景观设计人员、园丁、艺术家等，工程建造中所有的努力，都是相关人员在完成本职工作的前提下做出的。只不过是我作为援建方牵头者，要做的事情更多更繁杂些。建设的整个过程，所有技术问题的处理，需要对接的事情不能有半点懈怠，必须随时随地做出协调。

对这项工程，系统地去做协调并不是哪家单位派你做的，从事这类工作，具体事务繁杂而琐碎，许多时候实际上并不能减轻你的不快，但你却清楚地知道"协调""沟通"对于工程的重要性，完成一项公益作品，比自己或任何其他个体都不知要重要多少。"匠心"得以全身心地投入的家园之爱就像大海，每位建筑师、工程师、园丁，每个志愿的铺路者都要往里注入一些东西，虽然只是一小部分。

感慨于这类劳作的意义，一种几何精神和生态构造的综合。这意味着"规范与秩序""活跃""平凡""实用"和"直观事实"而不是个人主义的"心血来潮之作"。年轻的建筑学人可以从中汲取新鲜启示和反思力量。

大约是2010年3月吧，我从浙江省住房和城乡建设厅科技与勘察设计处轮岗到城乡规划处（风景名胜区管理处）工作。这是一个团结、和谐、有着人文素养的集体；也是我在公务员生涯中过得最倾心自如的业务处室，一个人一生中若能有那么几年光阴在这样的环境中度过，也是不枉然了。城乡规划、历史文化遗产地保护、风景园林等专业业务，多年来赋予我尽兴地享受的时值、用习得的储备服务社会的最大可能性。

可能更重要的是——我们为之服务的社会，不仅有政策设计、都市区规划、历史遗产地保护等，还有你为之服务的人。在相关领域，正是那些曾去都市、城镇、村落帮助规划建设的人，那些为历史文化遗产地保护奋斗过的人，以及那些与风景名胜区建设、城市生态组织共事过的人们所证实的——在建设生态城市、景区保护性规划的努力中，每个人都能找到自己的位置。不是谁代替谁，而是共同参与。能为那些学有专长的人服务，是件向专家请教和学习的幸事，在这里没有呼喝指派，而是每个人都有自己的角色，每个人在规划各层面都可以同时提出无数建议和创意。

2011年7月，一个大热的天气，理琛先生到省府二号楼办事，顺便来城乡规划处，与我聊及中国建筑工业出版社拟出版他的论文集，说这段时间，他从行箧里理出32篇文稿，包括学术论文、随笔、演讲稿提要、纪念性文稿等，正逐一打成统一规格的纸张文字，并约我一起校勘。这是一副担子，一份情。

夜深时分，细读这沉默的经典，而且作为系统地阅读它们的第一读者，这是语言对我的眷顾：先生的心灵在秀丽山川之间与世界结成有力的联系，活跃在他身心中的不只是建筑学情结，更有对人性、对大自然和对真善美的追寻。语言的存在主义涌身走向我们的时候，本身就在讲着筑居的故事。许多篇章有助于我们重返过往的时间，家乡的魔力和与之相属的山水风光从那里延展开来。走近大小楠溪江边，踏寻故里，寻觅乡愁，纵使那五代、宋代的古窑址、古建筑、古桥梁、古牌楼、古墓葬、古战场只是一种遗存，但生活于其间的百姓黎民，那古朴风雅的村寨风貌，活生生的乡风民俗，那村村有凉亭，村村有荷池，村村有宗祠和戏台的鲜活景观，无时不在言说着建筑的空间和人的尺度。当我们越是倾心去阅读文章、校勘文字的时候，越发感知到一种以全部本应存在的东西建造在从未存在而涌身走向我们、构成我们梦想的居所的存在之上。

我不是抱怨现代建筑的所有方面。当有间隔时，高楼大厦间广袤的平台上铺满了大理石，从四方广阔的天空一角一直延伸到脚下，在广场水池附近，花岗石板材铺砌成的无障碍坡道两侧，冰冷的不锈钢栏杆有时会吸引我。大街上高大建筑的玻璃幕墙，互相映衬着蓝天白云和它们自己的身影。纵然我们今天并非生活在远离家乡的地方，我们仍然忍不住要迎面走向尤能言说的语言，去寻觅家乡土地的乳汁与力量。为何？语言精神所蕴含的东西，是那种通达万物的隐秘源泉，生成并滋养着家乡人的心魂，此一持留者给予的力量从来就没有枯竭过。20世纪80年代，大清早，当你沿着山路信步走上吴山，登上城隍阁眺望杭城，住区和街道是绿色的,绿树与建筑亲切地交织在一起,那和谐的景色丰富迷人,依然保留了原住民乡土风格和视野。旧藩署、嘉禾里一带的老屋拆去后,一大片民居都变成了广场,现在登山再去看,除了西湖景区,杭州已变成由建筑主宰的庞然大物,具有生命感的怀乡气息少了,穿行于小巷的邻里空间少了。

今天,回过头来重读《胡理琛文集》,对城市景观中混合莫辨的缺憾,对乡村建筑人文思想的辨析,对先生在访问国外文化遗存时写下的随笔所思,和那些苍劲古朴的字画中透露出来的高度与恰切……又有了新的理解,它能让你忍不住时时去读几篇,总感觉时有新意。何以如是说?闪烁在词语中本真的记忆,是一种罕有而稀少的物质,那诗与画的存在主义托付给记忆的东西,在被遗忘扫荡一空的广阔领域中,仍然在发出启人思考的光亮。先生积一生之学,持平实之论,立足自然而筑在匠心,从无一时动摇。其理念之一贯,心性之坚实,足为我辈后学楷模。

十四

工程质量与安全。地勘、施工图纸、图审等,伴随着工程概预算,如果说青川工程破土动工以前,质量安全已经先行,那么,2013年青川工程开工以后的整个施工过程,从人员和材料进场开始,更须提上日程,严格按规定实行现场全过程监理,监理工程师的旁站制度显得格外重要。工程施工是个复杂的过程;当事者都清楚,任何一个环节,稍有差池,都有可能对工程产生巨大影响。我和浙江工程监理公司总经理金健商量,请他给予支持;公司迅速做出决定,免费全程监理,并先后派出公司骨干王海金、张威前往,这是整个施工过程的监理旁站,两位工程师工作认真负责、一丝不苟。

业内人士都知道,勘察、设计、施工、监理等,在我国都是终身负责制,哪个环节出了问题,无论何时何地都是要追究法律责任的。网上招投标,中标企业是四川永基建筑工程责任有限公司。工程质量安全这件事我是不会放过的。我与王工、张工、业主方代表苟主任保持着密切的联系，还有浙大院各专业，平时跟陆总、蔡工联络为多，必要时我们还会咨询其他专家。工程开始阶段王工的责任很重，重要建筑材料的质量检验把关，各分部分项工程质量监督与控制，都要有记录在案，还要保证不出安全事故。此外，当地的工程质量安全部门对工程也是要监督检查的。可以说，各专业的工程师、技术人员等，作为单位派出的援建志愿者，为保证本项目的工程质量安全尽了一份天职。工程开工后数年间，千里迢迢的协作，不仅使一箩筐的困难得以一点点地消化克服，而且保证了工程过程没有出安全事故，这很重要。

工程质量安全，是一个永恒的主题。特别是经历了震害之苦的地区，建筑工程尤其要严格遵守国家标准的规定。之前，浙大院已做了初勘。我特别赞赏建设单位苟主任对安全这根弦的高度重视，在浙大院的初勘基础上，专门招投标由广元零八一勘察设计院有限公司再做实地勘察，是以警觉性来对待工程本身，使确凿的地勘资料，为后续的工程设计提供了有力依据。

某天，苟主任又从青川来电，说当地建设部门有规定，要求新建建筑抗震设防烈度须在8度以上。我打开浙大院送来的建筑施工图整套图纸。在设计总说明中，建筑结构形式为"钢筋混凝土框架结构，设计使用年限为50年，抗震设防烈度为8度0.15g"，这完全符合新修订的国家标准《建筑抗震设计规范》GB 50011—2010的要求。但在设计分工栏，似乎未提及地基处理。我赶紧跟浙大院联系，以求解决之道——由于水利部门在现场砌筑排洪沟，整座建筑要建造在排洪沟之上，基地承受力——最大和最小承载力对于方便和构造安全是很重要的。但是，是否适合基地承载力须取决于设计、建造和布局的技术以及监督的质量。浙大院根据现场情况，将原来的条形基础改成桩基础。

据中国建筑科学研究院结构所的专家对汶川震害的调查，最深刻的体会是：在设计中考虑结构的安全层次是最重要的根本问题。许多建筑倒塌并非计算错误，如少配了几根钢筋；材料强度稍低；构件承载力不足；或是施工质量缺陷（豆腐渣工程），而基本上都是由于结构方案、内力分析和连接构造上的根本性缺陷造成的。以结构方案为例——从正常的设计程序而言,最早考虑的应该是结构方案,即确定结构的体形尺寸、结构形式、构件布置、荷载分布、传力途径等比较宏观的整体性问题。这些问题无须定量计算,也无法进行计算,完全属于概念设计的范畴;因此往往被一般设计人员所忽略。这也是我们请有经验的设计院来承担此一建筑工程设计的缘由。因为我们看到,在高等院校的专业教学和设计院的工程设计中同样存在着轻视结构方案的倾向。许多土木工程系的大学生只会构件计算而对结构承载、构件受力的基本力学概念和结构常识非常缺乏。在设计院中,除少数人(总工、主任工程师等)在投标和初步设计阶段考虑过结构方案外,一般设计人员对此也很少接触,而且也多漠不关心。

而实际上,结构方案对安全的影响是决定性的。方案处理的不同,结构体系的安全度就可能相差几倍,而其整体稳固性更决定了结构的抗倒塌能力。但是方案问题属于不能用计算方法解决的难题,只能靠设计者清晰的力学概念和丰富的结构知识才能妥善解决。

十五

2012年11月的北方天气,万物都已开始凋零,气温也逐渐走低,持续的低温,让京城各处都变了颜色。银杏黄了,枫叶红了,还有那紫红色的鸡爪槭,红绿色的爬山虎……这个秋天不只是一种颜色,它是绚丽多姿的,五彩缤纷的。

丛书编委会几位代表飞来北京,乘车来到位于车公庄西路的中国建筑工业出版社新大楼。这一带我比较熟悉,不远处的三里河大街,往北是西苑宾馆、紫竹院方向,往南穿过十字路口,就是住房和城乡建设部所在的甘家口一带。

编委会业已讨论的建设安全教学丛书系列内容,今天要向出版社申报选题。我们的意愿,一是为了促进建设领域积极有效的安全生产,编写一套"知行合一"的丛书;二是自发开展丛书援建灾区活动,为推动青川工程资金筹集。这是一个多年的夙愿。几年来一直在跟编辑交流。在出版社大楼,时任社长兼总编辑沈元勤先生正在开会。先是时任副总编辑的咸大庆先生[①]接待我们,这位资深编审谈吐比较严谨,听介绍,对这套丛书还是比较认可的,只是认为有些选题还需筛选。

过不多久,沈先生开完会,就来办公室接待我们。我扼要介绍了丛书特色和编写工程安全类书的出发点、阅读对象等,并坦诚地谈及丛书援建活动情况和遇到的困难,由于作者们大多是浙江省工程一线长期从事技术与管理的专家、院校教师和管理人员,真心希望选题能申报成功,也提请出版社在可能的情况下给青川工程予以支持。沈先生问及青川的受灾情况和灾后重建的现状,并仔细看了申报的18项选题大纲,从中甄选出8项选题,同时提议丛书可以取名为《工程建设安全技术与管理丛书》。

让我们感动的是,当得知我们编写丛书的初衷,是为了公共领域的建设安全,希望以义写的方式捐出全部稿费,同时为青川县未成年人校外活动中心恢复重建筹措资金的社会渴望时,社里讨论决定无条件出版这套丛书,并将其列为社里的重点图书。

中国建筑工业出版社的决定不仅在丛书的发行渠道及其模式创新上做出了积极探索,给予了丛书援建活动以有力的帮助和支持,更从精神上体现了我们这个社会最具价值的人文关怀。在此尤其要感谢沈先生的热情、眼光、鼓励和对丛书援建灾区活动的策划支持——丛书选题和发行、编写援建项目纪念图册、出版社赠送灾区未成年人活动中心图书、建筑模型等系列活动。编辑部的决定体现了一家大型出版社的社会责任感,若不是出版社提供发表这些书籍的园地,丛书出版说不定还要走较长的探索之路。这套书承载的分量非同一般,我暗下决心一定要把书编写好。

带着一缕久违的轻松,我们走到车公庄大街,到附近的社区公园里走走。户外空气格外清新,天空也转为蓝色。生命从我们每天走的路当中冒出来,仿佛在给小坝的建筑梦带去几许绿意。有几颗红枫如火焰般燃烧着,银杏树依然是枝繁叶茂,生机勃勃,真是个"彩叶季"。在阳光和温情的浸润中,但见有位年轻母亲,正在为她呵护的孩子拍照。举手投足之间,既专业又无微不至,显然,她擅

注:咸大庆先生为现任总编辑。

长于捕捉夕阳西下时油画般质感的光影，那光亮静静包裹住嬉戏玩耍的孩童。呵，周围孩童们和小动物开心地玩耍着，空气中的氛围多么自在。

城市设计中高质量的公共空间，对于附近住区居民的户外活动来说是何等重要。为什么我们会喜爱一座城市？是因为城市是人民的城市，这座城市里有我们熟悉的老百姓的身影，也有我们怀有敬意的人。我们在此驻足了片刻，心里惦记着青川工程的建设和筹款之事，趁着夜幕还未完全降临，便和京城的晚霞挥手告别，匆匆赶往机场。

翌年，4月的杭州，西湖边垂柳吐叶的季节。林木翠绿，万物显露出勃勃的生机。一泓湖水，涟漪漫漫，在光照下，犹如闪闪烁烁的火光。我也爱这春日的闲愁万种，然而此刻，这美轮美奂的风光景色，却无法替代我的乡愁。

凝望碧波荡漾的湖面，公园里，芳草多情如许——我想起远在巴蜀群山中的幽谷，有几颗苍劲的雪松，它们遥望远处的峰峦，俯视如镜般的湖面。呵，繁荣昌盛起来吧，家乡，去和命运对峙！时光在匆匆流逝，"然而，雪松啊，/没有一天/我能不思念你！"

翘首盼望着北京客人的到来。某天，沈先生一行终于推掉手头的工作，先到南京，又来杭州，随行者有编辑部、发行部的同志数人，来参加《工程建设安全技术与管理丛书》编写启动会。到宾馆，放下行李，他们也顾不上欣赏万树春花，雷雨的芳郁，先后赶往浙江大学建工学院、省住房和城乡建设厅教育协会，就建设工程界热点议题，与作者群、建筑书店代表和院校老师进行交流互动，征集大家的意见，现场签订建筑科技书籍编写协议，这些会议我都应邀参加交流互动。

忙到下午，众人去往会议所在地西湖边的湛碧楼茶室，它位于杭州的历史街区北山路。道路两旁高大的法国梧桐已长出绿叶纷纷。穿过岳庙前面的街路，众人信步走进曲院风荷，转过廊轩、树丛、小径，曲径通幽处，不觉来到了西里湖湛碧楼茶室———一组由理琛先生设计的著名园林建筑。至今我们从《胡理琛文集》①中看到的湛碧楼茶室透视图,展示开来,是两幅横向的画卷。每幅透视图的右上角各有先生所录元、明诗句。其中一幅录元朝诗人尹廷高"西湖十咏"之一的《麯院风荷》诗:"虚堂四面枕湖光,醖作芙蕖万斛香,独笑熏风更多事,强教西子舞霓裳。"如此富有诗情画意的作品为今人设计透视图所不见。构图之空灵,功力之深厚,人文意蕴之独到,真正诠释了何为中国园林建筑设计的精华。

　　我当时忙于张罗会议的事,还真来不及向沈先生一行介绍这园林建筑设计的来历。现在回忆起来,可以拓开一笔。"曲院风荷"湛碧楼茶室,包括了临水平台、荷塘亭榭等布局组成的800m²方案设计,系我国改革开放后杭州市土木建筑和园林学会首次主办的方案设计竞赛,时间是1980年上半年。据载,这场方案设计竞赛,共收到28个方案、60多张设计图纸。如此规模的场面,显示了那个年代,国人正迎来建筑学的春天。该方案设计竞赛经群众评议和省市专家评选,理琛先生的方案获一等奖。专家评语其特点为"设计思想大胆,造型轻巧美观,布局活泼;空间处理与周围环境协调,建筑群跨越水面,视野开朗,层次丰富;庭景渗透,高低参差,有虚实对比之感"。多少年过去了!湛碧楼茶室一如西湖的使者,

注:①《胡理琛文集》,清华建筑学人文库,中国建筑工业出版社,2012年4月第一版。

曲院风荷湛碧楼透视图一

迎来送往了多少布衣百姓，文人雅士。而今天，一群事躬建筑的同行相聚于此，传承善于思索的一代，来分担"大庇天下"的重负，何言苦何言劳哉？不亦乐乎矣！

沈先生详细梳理了《工程建设安全技术与管理丛书》编写的意义、作用和对我们时代社会的影响，并指出工程建设安全管理是建设领域永恒的主题，多年来我国建筑行业一直面临安全事故多发，存在安全监管行为未能全面落实，安全管理水平跟不上等问题。鉴于技术应用类书籍的工程实践背景，作者需要不断总结复杂环境下新技术、新材料、新设备的应用经验，要彰显出一套更加严格的科学方法，负责任地对现实，对工程难点做出回答；而编写这类书籍，还要考虑读者对象、编写要点等。他强调浙江省作为建筑大省、文化大省和建筑用书最大的省，将来有条件还可以增加一些书，不仅在本省，更可以把书推向全国。

《工程建设安全技术与管理丛书》作者们结合多年工作经验，选择了一些在安全管理领域备受关注的内容进行重点探讨。编委会从建筑工程、市政工程、安装工程、村镇建设、城市轨道交通工程等选题，提出系统梳理相关知识，编写相应的系列工程安全技术与管理读本，同时又将幕墙体系、外墙保温体系等关注热点融入其中，具有较强的时代特点和应用价值。会议分析了《工程建设安全技术与管理丛书》读者对象群体，包括建造师、做技术方案的人员、安全员等，安全员，全国几百万人，如写得好，书就会有生命力；可以不断有新的方法、案例来充实每本书的内容，以提高丛书的发行量，从而达到增强工程建设安全监管指导意义的目的……

会议不知不觉开到太阳傍西，未讨论完的话题，在餐桌间继续。餐后，作者和出版社朋友来位于六公园内一幽静处的音乐图书馆，喝茶聊天，听贝多芬、莫扎特、柴可夫斯基；说到对西湖的感受，出版社王延兵先生自谦会"打油诗"，当即吟诗一首，为西湖唱出礼赞。充满活力的形象诗语，使人听出这劳动者的歌曲，特能引起一种共鸣……林荫路上洒满了月光，晚风吹拂，如画的树影斑驳、摇曳。最重要的是一项计划正在得到落实。建筑的道路上，写作在前进。

十六

施工进行时——工程，处于连续不断的物理空间中，按说，这时候应该放手一搏，可以较顺利地推动工程前行了。然而，由于"愁款"，愁进度，反而使人"郁郁不自得，愁肠九回"了。一方面是对缺乏资金影响工程进度的急迫，逼着你去想办法，同时也是青川朋友们的信赖和期待，其可贵能有什么东西可以与之相比？逼迫到接近停工之日，有时竟然终夜无眠。这是个持续数年的过程。

蔚栋不断来电，诉说资金缺口的情况，还有一大堆需要协调的事情。他有一种钉钉子精神，这是县委罗书记后来都有评价的。钉钉子就是不懈怠，专注于对接问题。作为业主方对接主管，他对整个工程建设有种敬畏之情，可谓铆足了劲。作为搭档，工程上的具体事务，我们平时通的电话最为频繁。

筹款之艰难，工程事务之繁杂，一直紧逼着我去行动。这是勤奋的季节，但有时也是让人神经开裂、无奈的时光。

它敦促你去想尽办法找米下锅，不能让工程停顿下来。经常是这样，满脑子充斥着下一步该做的事，精神上绷紧了一根弦，总感到要有提前量；务实的事情需要你摆脱这样的观念：我们回归内心并与自己的良知交流，从而进入一个更高的世界。不，你的灵魂就是你所扮演的角色！沟通以及说服他人合作建构世界，是你唯一真实的生活，是你沟通的行动以及与其他人合作建构世界的生活。你的生活是自我外在化的过程，是将自己不断燃烧的过程。所以，赶紧！成为某个你要去表达消亡过程的人。有好几次，灵魂粗糙如我者早就把诗兴抛一边去。"冰川之旁，天神也非万能"，石头在等待挪开，百川淤堵，在等待夺路而出。刻不容缓的问题必须一一应对。那段岁月每天所面对的，现在回忆起来，既感到后怕，但又感觉即便今天重新遇到类似的困难，还是会义无反顾地去冲。2013年我曾在电脑键盘上陆续敲打过一些《援建日志》，真实地记录了工程推进之际，逼迫和急着去解决问题的过程片断。兹选录数则下来，以再现当时之行状——

2013年4月15日下午。苟部长来电，说援建项目已开标，由一家四川省的施工单位中标，但施工单位的名字尚不清楚；接下来要签订合同，工程，哪些工程及材料是实物援建的要刨出来？要了解清楚。资金筹集情况：现在是300万元，他提出让我找顾处长，能否找一下精神文明授牌的单位？

2013年12月4日。早起上班路上，苟部长来电。我把永康古丽中学签字捐款30万的情况，以及一早省级机关党委小许说的某高校有一批资产，课桌椅近千张，还有实验室四五十台电脑，寝室双层铁架床几百张，以及柜子和空调可以捐赠等情况告之，并说可以上门去看。他告诉我小王上周五已回杭州，有关经费问题及二楼有些地方图纸要变更等。

2013年12月5日下午1：30，小王提前赶来，特高兴。

抓紧对接情况。

（1）根据施工合同付款分四次：

基础完成一次（预付款64万元，开工以前已付）；

一层结构完成一次，123万元（80%）（负一层加一层）；

主体结构完成一次，130万元（80%）12月底前完成；

竣工验收后付一次（装修、设备安装完成，要交付使用一次）。

（2）他跟浙大设计院张工联系过，装修，除外墙、厕所（管线已埋）结构不能动以外，其他可动，但装修设计图纸，做好后要给他们看一看。

（3）深基坑，修改基础，保护排洪沟（加了60根桩）：70多万元。[①]

接苟部长电，说12月底主体框架施工完成，要付施工方440万元。这个数字让人有点心惊肉跳。有这么多吗？到年底农民工的工资必须全部付掉，他们要等着回去过年！

2013年12月12日。打电话给恽稚荣，满以为协会出面帮忙，发个函邀请几个

注：①这个基坑有一边深度5m多，其余没有这么深，据监理工程师王海金回忆，原基础是筏板基础，但要破坏排洪沟，所以原基础由筏板基础改为桩基，费用相应增加。

大点的装修企业，250万元可以凑齐；但他说找了几家，捐款都说年底快到了，兴趣也不大；但他还是说吴老板这儿什么时候一起去一下，三维动漫放映室等捐建看来并没有问题。这些天天天就像个账房伙计一样，一有空就算到底每笔资金有没有到账？不够就赶紧赶紧①再想办法，不管有路没路。

注：①赶紧赶紧：表示当时情之急迫。

2013年12月13日。赶往湖州市，南太湖产业集聚区管委会陆处长及南浔区发展改革和经济委员会副主任陪同前往森赫电梯公司见董事长李东流，他非常认真地听我讲解，同时打电话叫下属过来听，并吩咐他们去做。

2014年1月20日，王海金已回杭州。商讨以下十件事情：

（1）2014年县政府要求9月30日前交付使用，回去后工期要排一下，尽量往前排；

（2）配套设施，中间内庭院，小的内庭（绿化）；外围要填，做绿化，树要按棵算，背面排水，四周绿化；

（3）屋面防腐地板，经防腐处理，日晒雨淋，后期的运行和管理谁来出资（置换）；

（4）室内装修，最好装修公司的人跟王工一起看一下，怎么做，2月中旬会面；

（5）三维放映厅，统一纳入设计装修；

（6）年后电梯抓紧联系；

（7）消防、安防设备年后要定数量、型号；

（8）计算机软硬件系统，排一下时间；

（9）外墙砖，90cm×90cm偏大，外墙柱子多，尺寸不一样，墙的宽度和柱子宽度要考虑，让王工跟刘琦联系；

（10）变压器在购买和安装上要落实，干式变压器（清单上单价4000多元，总共组合要好几万）需采购。

新来的、乍去的，尽管不是缤纷的美景，也不是自然挥洒的篇章；进展和平凡之间，有一片田园，就在我的眼前。可以慰藉的是，和青川的伙伴们，和实干的建筑师、工程师、园丁、艺术家、丛书作者、援建者时时联系，通通电话，也是一种关照。朴素的语言，把浙川两地连缀。我们在生命之中认识生命。在活生生的现实中，工程进展虽然逼迫，虽然艰辛，但我们达到的对生命之理解，较之理性更为深入，因为生命通过其客观化成为可理解的了。

向前，向前，不受阻碍，急匆匆趱赶路程。

2013年夏，在筹款最困难的时候，在朋友的资助下，我做过一个52页的小册子，自己动手设计版面，配诗、文、图，取名《家乡的期盼》。内容直接切入主题：即家乡有困难，我们就回来；并发出真情之邀。一下子印了300本。

现在看来，这是个在真性情驱动下做的小册子。你将要获得的，是高度外向化的交往空间。就是说，只有通过最真诚的话语沟通，让人们了解青川县的情况，那里曾经发生，而且眼下正在发生着的一切，只有通过邀请阅读，让语言、图片、方案说话，诉诸视觉和人的感情，才有可能使人产生共鸣。

让友人一册在手，可以随处翻阅，了解要点。它所展示的，有挑战，有乡愁，有需要得到解救的愿望，你把青川的困难说出去，是因为你视域里感受到的一切，必须说出去。我们都是这样做，我们必须这样做。当这个人把情感参与进去的时候，他会看得更敏锐、更精确。

描述和认同、是和应该、事实和价值、现实和理想等，都留在我们的话语和行动之中。它们让我们感到生活并非那样糟糕。通过沟通和行动为大地上的这一小小工程铺路。人的灵魂不在人的里面，而是在外面。只有在这种自我体验的表达中，我们才能成功地为自己的他者创造出一些东西来。文字简约明了，有几处以提炼出的诗语来说。何以如此？莫非是诗的语言更能直抵人心？但我毋宁相信诗人帕斯所说：文学并不崇高，或者说它崇高是因为它微不足道得更好，这一戏剧性使它超越了虚假的崇高。

做人意味着无法免遭不幸与灾难，意味着时而感到自己需要救助、慰藉、排遭或启迪。我们的状况多半是平凡的，不是非凡的。我们对他人负有的最低限度的道义责任，不在于为他指点救赎之道，而在于帮助他走完一天的路。

雷与风，持续不停。活动中心建设处在艰难推进之际，小坝这建筑，已不能再等，确实需要贵人相助。在其主体工程行将完成之际，紧跟着外墙保温节能、屋顶防水、装修工程的设计和施工、卡通影院、给水排水、园林等工程，也将陆续上马，需要借助社会之力，助它走完一天天的路。尤其是装修工程，已刻不容缓。

纸上得来终觉浅，绝知此事要躬行。在一个下雨天，我带着《家乡的期盼》骑车前往浙江省装饰行业协会，寻求会长恽稚荣先生的帮助。协会就在天目山路东海宾馆（海军招待所）的一个层楼上。听罢我的叙述，再翻阅小册子，恽先生颇为感慨。他是我在住房和城乡建设厅科技与勘察设计处时的老处长，对我本真的意愿、行动的理解，有一种价值观上的认同。他说，没想到这几年你还做了这么一件有意义的事，你在做的事情厅里的同事都不知道，我也从来没听说过。然后他回忆起"5.12"大地震后不久赶往青川灾区的往事，那些遇到的余震和惊险，以及为解决临时住区的板房需配置相关技术、材料、消防设施的经历……

恽先生是热情而很实在的人。在他相助下，浙江省建筑装饰行业协会发出邀请函给近十家副会长单位，并电话引见中南集团吴董事长，介绍青川工程的情况，让我去找他。这是友情和关照。而最重要的是他对做这类事情的人文理解，和要求确保内心的那份坚定。

省文明办顾承甫处长某一天打来电话，说邀请了一些兄弟，晚上一起吃个便饭，我下班后匆匆赶去。哇，是一些曾经去青川的援建干部。老顾是个大热心人，把我一一介绍给大家，并介绍青川工程的背景情况。其中有省公路局养护处处长朱定勤；省卫生厅公共卫生办公室的胡伟，我以前就熟悉，我们曾一起参加过浙江省《传染病房设计标准》和《卫生监督机构建设标准》编写会议。这些干部素质高，在极重灾区灾后重建的两年时间里，经历过余震不断、艰难困苦的岁月,对青川极有感情。朱处长当时还担任过青川县副县长,挑过很重的担子,在他的热心帮助下,有两家公路单位也捐了款。

人只要能记和忆,记忆中的事情总能从现时的思维活动中涌出。浙江省建工集团董事长兼总工程师吴飞,我较早认识。某日,我带着浙江省装饰行业协会的邀请函去看望他。在省建工大厦他的办公室里,他静静地听我讲述工程前期已做的事情,现在遇到的几件主要困难,和期待公司在后续的装修工程中出力的期望。这是真正需要雪中送炭的时候。所幸者,浙江省建工集团不只是浙江省装饰行业协会的副会长单位,更重要的是,这样的大型建筑企业有着最朴素、最踏实的社会责任感,在汶川大地震灾后重建中出过大力。吴总本人是理工男,做事特别稳妥,特别善解人意,他叫来徐伟总经理一起商量下一步该做的事情。不久,建工集团幕墙装饰公司施泽民总经理来电,说装饰工程已落实该公司成都分公司来完成,届时将派队伍进场。可以说,装饰工程的及时跟进使整个援建工程迈开了转折性的第一步。

某天,去中南建设大厦拜访吴建荣董事长,在公司会客室里,他用手背拍了下翻开的这本小册子,用地道的萧山口音说:"喏(音。强调某亭,有提醒"你看"之意),个才叫不是空对空。"

方言,失落的宝典。从中我略能听出个中趣味。萧山话属于临绍小片吴语,而吴语则是中国七大方言之一。自周朝至今已有三千多年悠久历史,这方言积淀下来的底蕴是深厚的。可叹的是,现在的中小学语文教学中,学生已接触不到方言了。除非你去倾听,从吴董事长的话中,能听到故园大地的方言,是一种临绍地区的乡音。他说,在汶川大地震发生时,他个人带头捐出40万元,同时还发动公司员工捐款。最重要的是要秉承"诚信立业,创新发展"的企业宗旨。

中南集团在工程建设领域可谓声名在外。尤其值得称道的是,在文化创新领域,中南卡通已成为国内动漫产业龙头企业和示范基地,原创的《天眼》系列、《郑和下西洋》《中国熊猫》等多部动画作品,获得国家动漫精品一等奖等许多奖项,作品深受国内外少年儿童喜爱。听说要在活动中心建卡通影院吴董当即表态予以支持！对建造较高水准的室内影院，这样的目光决非仅限于卡通和影像的虚拟世界。他还提及助力青川，不仅在于"输血"，更要培植自身的"造血功能"。假如没有家园乡愁也就没有"浓浓绿荫"。这份情怀，正是植根于祖国的文化传统。

十七

夏天的正午，头顶着赤日炎炎，感觉有些汗津津的，人的影子几乎就移动在脚下，高处，舒卷的白云，漂浮在通透碧蓝的天空。这天，我们抽空去阴平古道上的青溪古镇转转。嗨，伫立在阴平廊桥的荫处，清风吹过，顿觉浑身一阵凉爽。眺望远山葱郁的树林，呼吸这天然氧吧，一洗而去路遇的劳顿！清凌凌的源头是个谜，呼唤你名字的，是缄默的群山、树林……

青溪是座典型的边城，地处青川县西部边缘，位于岷山山脉南麓的摩天岭脚下，青竹江上游，境内有唐家河国家级自然保护区。青溪古镇自然环境优美，土地和森林资源丰富。全镇总耕地面积1.9万亩，主要以农业生产为主，主产小麦、水稻、玉米、蔬菜，是青川的粮油生产基地。

这里森林面积达54万亩，荒山荒坡6万亩，森林覆盖率达62%。生态旅游资源丰富。在唐家河内，有国家一、二级珍稀动物大熊猫、金丝猴、娃娃鱼、贝母鸡等几十种珍稀禽兽，有珙桐、冷杉、银杏等珍贵树种。境内占地73万亩的唐家河，是举世闻名的珍稀动植物"基因库"，也是"天然氧吧"和"大都市的后花园"。

四周群山环抱，这是北川地区保存相对完整的一座古城，距今已有1700余年历史。百年未遇的"5.12"特大地震，使得原本脆弱的历史遗迹、文物出现严重损毁，使这里以前的"古韵古香"变成了"断垣残壁"。经浙江温州对口援建恢复后，2011年底才对外开放。

现在的青溪古镇，其建筑、环境和人，自在而安逸，一如和平的摇篮。主要街道上，游客顶着烈日，闲散地走着，拍拍照，购些土货，让生活节奏慢下来。有几个小店铺，凳前桌后，打开的麻袋里盛满了木耳、干菌、核桃、天麻、茶叶、花椒……这些山货的气息、色泽有如植物的方言，让你忍不住驻足停留。青溪就是一个山珍资源的王国，它以独特的生态方式讲述着予与取的概念。

　　街正中有条水渠，溪水流淌，一路穿城而过。水草，在光照作用下持续地将氧气灌入水中，坦白说，没有任何人工设备可以制造出这么多的氧气。水渠两边，生长着一丛丛鲜活错落的菖蒲、大丽菊、月季、木芙蓉、马蹄莲等花卉植物。小街上杂货店、小茶馆、小旅舍、川北小吃不算多，但却能让人的生活闲适下来，知足常乐。我拍到过一张照片：一座典型川式砖木结构的街面建筑，敞开的店屋外面挂着一块匾额，上书"锦鹏百货"四字，所谓百货，就是搁在廊下走道简易架子上的生活用品，四个大人正围着一张小木桌打牌，其中有个人坐在树墩上，那种专注打牌的样子，真是舒适得很。这时有只灰白色花猫，卧在木凳下打盹，隔溪望去，就是一幅悠闲度日的生活画。这再平常不过的街景，却是如此生动。家长里短，邻里互动，养育着一方水土的人文、风俗和习惯，透露出户外交往空间的鲜活和自然。

　　2011年8月上旬，接到同济大学邵甬老师发来的信函："闻讯浙江近期暴雨洪水肆虐，特向贵机构咨询关于灾区文化遗产的损害情况。如受灾地区有相关的急需抢救性保护的具有较高历史文化价值的建筑、桥梁、景观等，我们非常愿意提供资金和技术上的帮助。同时，被抢救的文化遗产会被录入我们的档案库，提供给基金会全球合作网络，可持续地进行跟踪保护。"我想，我们在为浙江忙碌的同时，倘若青溪古镇遭遇到自然灾害威胁，我会抢在第一时间跟邵老师联系。

　　来函所说基金会的内容，是指阮仪三城市遗产保护基金会作为荷兰克劳斯王子基金会在中国的合作伙伴，共同推进中国文化遗产保护。这信息非常重要。来函所附"拯救自然灾害威胁下的文化遗产计划"，是由荷兰克劳斯王子基金会发起的一项旨在拯救全球范围内正在频繁遭到自然灾害威胁的文化遗产行动资助计划，特别是抢救处在毁灭消失边缘的建筑文化遗产。

阮仪三先生，是一位特别倔的文化斗士[①]，许多年来，同济大学建筑与城市规划学院、上海同济城市规划设计研究院、国家历史文化名城研究中心在他带领下，为我国历史文化遗产的保护，做出来大量卓有成效的贡献。作为山西平遥古城和云南丽江古城保护的主要倡议者，首批"全国十大历史文化名镇"中有五个镇的保护规划出自阮仪三之手。形容他"挽狂澜于既倒，救文物于危难"，是再贴切不过的。

青溪保持着自己的风貌，联想到古镇悠久的历史，积淀厚重的地域文化，古迹众多，在新一轮建设中，也面临着正确对待开发与保护之间关系的问题。一是如果遭到自然灾害威胁，可以通过上述路径，争取到资助。再就是极具地方建筑特色与民俗风情的城内四街区及外围，在开发建设中要做好保护性规划。在此我再次提及，相信对青溪古镇的保护和发展是有所裨益的。

提起历史文化遗产的保护，我一直有种印象，不少历史建筑在我这辈人的记忆中被一次次运动和城市建设所毁掉，实在是一种乡愁之怨、家园之痛。如果说有人在这方面有颇深的同感，那一定不只是留在纸上的潦草笔迹，而是一种无法抹去的印记。

跟全国的各大城市一样，杭州在20世纪80年代曾有过一场旧城改造的"预演"。到20世纪90年代的旧城改造，土地供应混乱，谁要地就给谁，规划失控给城市留下的伤痛教训是深刻的，"大拆大建"对城市的历史文化破坏严重，从历史地段、建筑物、历史街区，到整个格局、风貌都成了牺牲品。杭州的清吟巷多么幽深而宁静……斑驳的高墙，墙皮已脱落的地方露出老陈的土、碎瓦和石灰，墙体足有近1m厚，走进宅院，是我熟悉的地方。想起它，我就会想起欧阳修《临江仙》词中的一句"庭院深深深几许"。像清吟巷这样生土墙砖木结构的历史建筑，还有我印象中杭人呼之为油烛桥的石斜坡小桥、中山南路上的鼓楼遗存等历史的记忆都已不再。

在《说杭州》一书中，有这样一段记载："杭州旧时之建筑均为砖木结构，

注：①这里指阮仪三曾先后获得联合国教科文组织遗产保护委员会颁发的2003年亚太地区文化遗产保护杰出成就奖、法国文化部"法兰西共和国艺术与文学骑士勋章"。

以泥水工、木工为主。百年乃至数百年之老宅比比皆是。用材既佳，匠人建造之技艺亦称精湛。大屋之梁柱、楼板接榫，多年未见走样。围墙之基厚可数尺，封火墙高达数丈，庭院中之石阶有长数丈、厚近尺者。柱头墙面之雕刻装饰，精细典雅。非经天灾人祸，绝少损坏。惜乎新中国改造旧城，拆去不少。"①现在的杭城，何处再去寻觅比比皆是的百年老宅？哎，前尘历历，世事茫茫，过去的一切都已过去了，沧桑巨变，百代兴亡，我们从事历史遗产保护工作的人，还是要坚定地承担起自己的责任。

2012年下半年，浙江省住房和城乡建设厅和浙江省文物局又一次在杭州联合举办"浙江省历史文化名城保护专题培训班"，地点是省委党校某教学楼。上午，阮仪三先生主讲《历史古镇的保护与合理发展》。开讲后一段时间，当说到江南水乡古镇案例时，阮先生突然停下来，招呼我上讲台去，说要送一样东西给我。我有点意外。当时课堂里坐满了来自全省各市县城乡规划、文物行政主管部门的分管领导、城市规划师、中国历史文化名镇分管城建的副镇长、中国历史文化名村的村主任们——要送我什么呢？原来，阮先生把一套中国邮政发行的《水乡古镇》的小本票送给我，或许是对我多次致力于组织文化名城保护专题培训班的一种鼓励吧……小本票共6张邮票，设计者黄里，撰文阮仪三，里面文字总说和每张邮票上的国画都极具特色。

"阮老师留了6镇。"他接下去说，"周庄、乌镇、南浔、同里、西塘、甪直，那么有人说啊呀都是小桥流水人家，我说你没有会看，要仔细看，每个都不一样啊，此小桥非那小桥，此流水非那流水。譬如说乌镇，乌镇都是水阁房，水隔起来的房，这就是唐诗里讲的'君到姑苏见，家家都枕河'。"②说着他双手合在一起放耳边侧过头作眠状，一边说"枕河而眠"，讲课真是生动有趣极了；然后又会如数家珍地一口气讲下去："你跑到周庄去看，那就是水巷，叫水通道，'家家门前泊舟航，户户搭街进得水'，它没有路，路在房子后头，房子前面就是条水弄堂……"

注：①见《说杭州（下）》第31-32页。钟毓龙著，钟肇恒增补，浙江古籍出版社，2016年4月第一版。

注：②君到姑苏见，人家尽枕河。古宫闲地少，水巷小桥多。夜市卖菱藕，春船载绮罗。遥知未眠月，乡思在渔歌。——杜荀鹤《送人游吴》。

作为专题培训班的组织者，我平时虽说工作忙，但阮先生的课我特喜欢挤出时间去听，每次听都有不同的内容，都有不一样的收获。又一次，我到课堂的时候，已经开课。先生停下来，当着众人的面说我不该迟到，你迟到一分钟，一堂课的人加起来就是60分钟，20世纪80年代城市大拆大建的时候，60分钟时间一堵城墙就被推倒了，你赶不到就是你的责任。这是极生动的一课！不留情面，这是教鞭，有如古建在勾留人世的边界，那岌岌可危的境地，如履薄冰的遭遇，教你做事情决不敢懈怠。我将它视作系于乡愁最重要的言训之一。

知我者，谓我心忧。不知我者，谓我何求。阮先生说："20世纪80年代，在全国一片开发建设中，我是真的忧心如焚。当时很少有人能听得进你的话。那我们就从推土机下抢救，救下一点是一点，只希望不要把我们好的东西都弄光。平遥古城就是那个时候抢救保护下来的。"先生就是这样一个倔强、质朴、极富感染力和让人特别敬重的人。

十八

建筑，我们总是在谈建筑。青溪古镇老街里那些通风的古建筑，就地取材，砖瓦、木构，采用的建筑形制，都是本土的。住这儿不仅生活成本低，最主要的是能给人带来一种闲适的环境，围绕着筑居，家乡菜，家乡话，还有周边的山水亲情，总以仁慈之本让人释怀。边城的原住民永远都不愿舍弃看上去并不算富庶的古镇，而去大城市谋生。

现在我在写这些文字的时候，正值骄阳似火的夏季，汗流浃背。电视报道说连北欧的城市都热浪滚滚，高烧不退。而现代建筑大约消耗人类总耗能量1/3资源的能量，我们必须尽可能地保护和增加现有资源。应当通过更周密的设计考虑来改善材料及对健康和生活的影响。

青川工程的实践始终贯穿这一理念——无论是作为一种文化、土地使用模式和价值观，抑或对大庭院和花园建筑的爱好，都坚持一个更合理的方式来诠释生态法则，我、陆总、建筑节能专家多次讨论本工程建筑节能方案：如何兼顾外墙的保温、美观、坚固和经济？一方面公共建筑节能，窗墙比、体形系数设计上都有标准要求，墙体保温层的防冻、防开裂和防潮等问题，技术必须成熟；另一方面，筹集到的资金有限，不能采用高档的外墙材料。保温节能措施采用哪一项技术，自然是关注的重点之一。

为建筑节能和工程的外墙材料，2010年春至2013年底我曾先后四次去佛山，考察广东蒙娜丽莎集团公司"外墙薄壁陶瓷"及保温成套技术。

在第一次去蒙娜丽莎集团考察前，其实我就已看过华南理工大学陈帆老师主编的行业标准。现蒙娜丽莎提供其产品相关性能参数，检测项目包括吸水率、密度、莫式硬度、破坏强度、断裂模数、抗釉裂性、抗冻性、耐化学腐蚀性、抗污染性、弹性限量、泊松比、弹性模量等多项技术指标。如破坏强度，《陶瓷板》GB/T 23266—2009中标准值（厚度大于等于4.0mm）大于等于800N，而这家公司薄壁陶瓷检测结果平均值1119N。留下颇深印象。经过几次考察，综合起来，蒙娜丽莎外墙新型无机轻质板材聚氨酯硬泡保温一体化应用系统（简称蒙娜丽莎外墙系统）满足国家层面65%建筑节能率要求，该系统施工周期短，相比较石材安装系统缩短约70%的工期。板材表面纹路丰富，全瓷无色差，经久耐用。其外墙系统相比中档石材装饰系统，荷重降低70%，价格持平或略高。

我把佛山寄来的"薄壁陶瓷"多种颜色的样块带给浙大院陆总。让建筑师看到实物的色彩和质感，对于正在创作的建筑外墙装饰图案，直觉二会有把握并会提出要求，比如原有墙面的平整度要求，将来整面墙上挂的或构造的都是一种独特风格的彩色瓷艺板作品，他们会事先考虑到效果。

佛山公司为青川工程做了一个长达69页的室外装饰工程的《蒙娜丽莎产品应用推荐性方案（新型轻质无机板材900mm×1800mm×5.5mm）》。这材料性能、施工工艺技术都是没说的，关键是价格。2014年4月下旬公司发来青川活动中心外立面陶瓷艺术壁画制作合同电子稿。想想看，每块板材90cm×180cm，这么大的尺寸，做到墙上效果多好！但再看看价格，彩色瓷艺板共532.09m^2，每平方2350

元，总计125万余元，含税，不包括设计、安装费用。以我们当时筹到的资金，是远远无法承受的。无奈之下，只能放弃。

建筑师孙宝樑先生建议我一起去杭州政苑小区实地考察一幢外墙外保温居民楼，这是北京振利高新技术有限公司在杭州的示范项目。

我们各骑了一辆脚踏车，在杭州耀眼的非洲般炙热的阳光下骑车聊天，倒也浑不觉街道上有多热。孙工面庞黝黑、红润，有一双明亮的大眼睛，露出热情的笑意时，憨厚的脸和一头早生的白发互相辉映。

这是一位热心人。平素热爱建筑文化，也是建筑节能专家。早些年，我们一起去他老家山西，到五台县境内，一路去寻访我国现存唐代木构殿堂式建筑的典范——佛光寺和南禅寺的情景，至今历历在目。

"那次去的地也多。"他补充说，"还有云冈石窟、应县木塔、徐向前故居和晋祠。"不只是古建，山西的小吃也极有特色哦，如莜面、黄米糕团，而调料，不能不提陈年老醋。

山西的古建和风俗文化给人留下的印象深极了。尤其是寻访佛光寺和南禅寺。最打动人的故事是，1937年，梁思成和林徽因夫妇，二人在战火连天的乱世，翻山越岭，来到五台山西南的群山中，他们在东冶镇下汽车，换乘驮骡，几经波折，终于发现了遗存千年的佛光寺！然而，仓促之间却与十几里外的南禅寺失之交臂。

南禅寺位于五台山地区的西侧，在五台县境内，属于地势相对平坦的偏僻乡野。它是中国现存最早的木结构建筑，较佛光寺东大殿早75年，新中国成立后在东冶镇李家庄被发现。

记得我俩到五台山后，雇了一辆旧式的皮卡，一路颠簸，在乡野的高粱地之间、漫天的扬尘中狂奔，偶尔会遇到赶着牛群的牧人。快到南禅寺的时候，头顶上现出湛蓝的苍穹，但见野地上，有二三村民爬上木梯，把老苹果树上的红苹果一个个采摘下来，丢进驴子驮着的木筐里。这正是南禅寺秋天的景色！我像个返回故乡、云游的朝圣者，踏进古老的果树林，受到它绿荫的庇佑——终于见到了深山中这浑朴、豪放、超然的晚唐遗构……

而今天，一路上骑着车，听孙工讲最近的行踪：为某建筑设计方案与所里的小年轻发生的争执、写作散文、前不久去北京看望林洙先生[①]，还有中医调理等趣谈，不知不觉间便来到政苑小区的一幢楼前。我们仔细观察保温墙面、墙角、面砖，还有外墙柔性腻子，直观地感觉其具有的粘结强度高、表面平整光滑、耐水防潮及不开裂等优点。孙宝梁先生著有《简明建筑节能技术》《简明人居环境技术》等书，其书曾经赠我。他的书是建筑节能技术的普及读物，以浅显易懂的语言和适合大众口味的叙述方法，将建筑节能设计、施工、使用等各个方面的知识介绍给读者，而后一本书，则为你打开一扇小窗，让你享受到窗外的空气和美景，激发出你亲近自然的天性和审美情趣。

青川工程屋顶防渗漏问题是重点关注的对象。防水材料、工艺的选用可不能有半点马虎。随着建筑技术的进步和建筑结构品位的提升，建筑防水的要求也在不断提高，防水材料的品种和质量也在不断提升和改进。但客观地说，渗漏问题至今未能彻底根除。一个高品质的建筑，如果细部处理不严密的话将会出现渗漏，难以维修。我们的周围就有不少这样的建筑，它们作为观察和反馈对象更易于认识并具有同样警戒之效。

著名的设计师或者工程师的作品永远是很好的学习榜样，但是也要注意并非所有作品的细部都是因地制宜的，有许多著名的建筑境遇不佳，渗漏或者难以维护和使用，这一点常常被老师和工作人员忽略。事实上，我们对于高品质建筑和知名设计师的境遇以及人们在使用中的感受都很少有反馈调查，而收集这些反馈信息是很有教育意义的。

建筑防水历来是个难题，保温层的加入更增加了防水工程的难度。采用防水保温一体化及完善的系统处理技术，是解决此一难题的最佳途径。为此我求教于防水保温专家田军县先生，他回答：硬质聚氨酯泡沫，既是优异的保温绝热材料，又具有良好的闭孔率，防水性能优异。采用工厂化制作，质量和性能都能

注：①林洙，梁思成先生的遗孀，《梁思成、林徽因与我》一书的作者。

得到保证和统一。硬质聚氨酯泡沫又有较好物理化学性能,强度高,尺寸稳定性好,耐热度高,使用寿命长等优点,是防水保温一体化优选的保温载体。我多次去嵊州考察,有一次还应邀去参加他主持的一项国家标准的评审。青川工程屋面防水处理,我请他来杭州青藤茶室,和陆激博士等专家进行讨论。他后来专门来函,就技术处理给出了方案。他的深入研究和介绍使我相信,防水保温一体化及技术系统是个创新理念,节点处理复合施工,操作工艺有待进一步提升和完善,通过不懈努力,必将成为我国建筑防水保温领域的一朵奇葩,发出耀眼的光彩。

关于防水、建筑节能,就说这些吧。孙工、田总、深圳市建筑设计总院建筑师金总,对青川工程外墙建筑节能保温、屋顶防水多次提出构造措施建议,这份热情弥足珍贵。

2014年6月,浙江省武林装饰集团有限公司设计院设计师陈奕发来了活动中心装饰施工图(全套)、电气图、预算,以及意向图片、设计说明、主材表、一层、夹层和二层平面尺寸,地面、室内空间立面图,大样节点详图等。

2014年7月下旬,先后收到中国美术学院风景建筑设计研究院所做的活动中心弱电施工图,以及经过多轮沟通和修改,浙江诚邦园林发来的景观方案最终文本。后者是一个颇具想象力的景观概念方案。设计主题包括了探索景观、知识景观、体验景观;功能定位为释放情感、享受快乐、健康成长,为即将建成的花园建筑提供了有趣的思路。由于设计师未到过现场,方案中总平标注的入口广场、中心旱喷广场、休息庭院效果、屋顶花园、植物配置等,方案与实地建筑外围的地形差异性大,在实际施工中都无法体现出来。屋顶绿化系统构造图也出来了,有园路、土丘、乔木、草坪、排水沟、节水等,设想较好,但在承重上花坛种植土超出了屋面荷载,后来用轻质土,使其承重达到安全范围之内。

关于雕塑,由于地形地貌的改变,浙大院第一套方案原预设的三处位置,到第二套方案只剩下一处位置,所以卡尔的命运交响曲喷雕和林岗的格桑花雕塑只能做合璧造型，来再现他们的激情奉献。工程施工时间紧迫，2014年10月，业主方就中庭水景雕塑问题修改意见和浙江诚邦园林进行了咨询沟通。

我虔诚地相信这样重要的伦理学观点：公共的、沟通性的生活在逻辑和哲学上具有优先性。一个公益性建筑的建设，一路走来，能邀请到众多单位和爱心人士来合力参与，这本身就说明公共性沟通之重要。

基本要求是我们热爱所做的事情，用心去做。无声的钢琴和美的残酷，神秘的午夜和时间的岩石。重要的是应担负起伙伴们的言训和理想，并且在共同努力中获得倾心乡愁的时间、激情的时间和创造的时间。

可喜的是，建筑的艰难在一点点地被克服。时间在一天天地过去，工程在投入者的努力和期盼中，也一点点地在成形，在长大。有一天，当青川县文明办的小李将搭设有扣件支模架、围有绿色安全网的建筑物远眺照片发给我时，我仿佛看见一个英俊少年从苍翠的山岗上健步走来。我们早就知道，房子迟早会建起来，从最早的地形现场踏勘，到第一块地基的浇筑，我从未怀疑过他的成长。但令我惊讶的竟然是以这样的意象向我走来，真是难得。他一身绿装朝气蓬勃地朝小坝走来，蓦然出现在人们眼前。

早日一睹这建筑的青葱英姿是我的最大心愿。我放下手头工作，第二天一早便飞往广元。飞机在万米高空的平流层里飞行，时间就像停留在某个点上滑翔。气流在机窗外无声地流过，我记起俄罗斯诗人蒲宁的几句诗：

  松树日益变得少年英俊
  虽然森林还很苍郁
  远方天宇
    已显得柔和、淡雅——

对义务援建者来说，他们努力了很久，才有了些许的成功，在坚持的过程中，现在还不能说他们已经完成了最艰难的部分。希望有更多的朋友参与这个活动,希望有更多的人来参与这样一个家乡梦的聚会和行动吧。总有一天,我们会讲述自己在青川家乡的故事:我们实现了一个极有意义的目标,给了灾区孩子们一个美好的未来,成功的感觉真好,这就是缘分。幸福的感觉好像要从体内迸发出来,原本就应该是这个样子的。

十九

冲刺,冲刺。县里要求工程项目必须在2014年底前全部通过竣工前的验收。

所以,冲刺也意味着要一鼓作气冲到底,业主方、青川县人民政府和援建方需要更紧密地配合:①资金缺口大,必须尽快筹措;②工程中设计、装修、外墙、弱电、电梯、施工等各方的交叉,多处地方须协调。眼下的主要困难是:资金不足,须调动我们所有的社会资源;从2014年5月中旬至7月初工地曾经一度停工,更有一种紧迫感。再就是外墙装饰、室内部分装饰、电影放映室、部分水电安装、方案变更等,则须诸方之间协调配合。

资金上,能否另辟蹊径?周伟强主任[①]给我出点子,说2010年底浙江援建队伍离开青川前夕,浙江省预留给青川县一笔1亿元的发展资金,每年安排1000万,连续十年,我们可以去争取。这是一条重要信息。2014年7月7日,青川县人民政府致函浙江省人民政府经济合作交流办公室,请求资金上给予帮助。在《关于解决青川县未成年人校外活动中心项目建设资金的请示》一函中讲到,由于资金筹措异常艰难,工程变更多等因素,进展缓慢。其中有这样一段话:

……(企业)受国际国内经济影响,徐一骥同志筹集资金的难度异常艰巨,仅靠个人的力量难以完成如此艰难的工作任务。未成年人校外活动中心列入了青川县2014年十大民生工程,年内必须全面竣工投入使用。因此项目建设时间紧、任务重、资金压力大,急需政府解决实际困难。

由于我县灾后重建资金使用完毕,县财政十分困难,特恳请浙江省人民政府

注:①周伟强,浙江省科技厅计划处处长,汶川大地震后调任浙江省人民政府驻四川省办事处主任兼西南地区四省办事处主任。

对外协作办公室解决项目建设资金300万元，其余资金我县将加大浙江省民间筹资力度解决。

合作办叶主任接到信函，专门请示了领导，结果答复还是不行。说这每年的1000万是定向给青川用于农业创新项目的，当时浙江省人民政府和青川县人民政府签订资助协议上面就是这样定的。内容不符合，自然无法列入项目预算的拨款计划中。唉，真是沮丧。如说当初去争取援建项目时，选上县农业研究所，说不定倒是对口了。

在那段日子里，我和蔚栋主任的压力都很大，情急之中，我们分别联系：浙江省爱心事业基金会、浙江省阳光教育基金会、教育部和财政部国家彩票公益基金、义乌的援建干部……一一前去沟通。一些机构答复：在大地震发生后基本对口捐了基金款，现在确实爱莫能助；要不就是申请渠道和手续不清楚，写信过去又没有回音……

有一次，我联系到一家特级建筑企业。虽然跟这家公司的老板不熟悉，但通过该公司副总工去讲，他居然也同意接见。抱着不确定的心情，一天下午，我骑车赶往龙井路。一直进到西湖区茶山深处的一组小型屋舍前，一看这僻静的环境就知道是公司高层会客的地方。组合式的单层中式建筑建得精巧别致，中间有草坪。这时，但见老板正走向一辆加长型的林肯轿车，车两边各站着三名年轻保镖一样的人。周围满眼是青翠的茶山，同样的日子，与城市雾霾天气完全是两个世界，此地的空气像被滤过一般，而且环境特幽静。

来会议室接待我的是老板的儿子，非常年轻。他处理事情很干脆。听罢背景介绍，便说："可以的，50万元，哪怕100万元，只要省里下个文件来就成。"谈话就此结束。

在未来的岁月里，你若遇见同仁，将如何叙述这样一段经历？我们的日子想必曾充满幸福，充满痛苦。人人都这样。另有一点要阐明。兹因戏剧的光临，有点太突然和孤独。

骑车从龙井路出来，穿过九里松，到曙光路附近，已经是下班车流高峰时间，大街中央是拥堵的机动车道，公交车、私家车，分不清主次干道，似乎只要人在车上，便享有路权。两旁的非机动车车道，下班时骑车族也是车水马龙。前边一位老伯不知是车把手不稳还是被人碰撞，一下摔倒在路边，摔得不轻。我赶紧刹住车，走过去将其扶起。杭州的主要街道，一早一晚，东西倒腾，路况就是这么糟。在这样的路况下，居民们宁愿待在家中看电视，或者待在自家的阳台及其他的户外空间。

　　在此刻，你想想，语言何用？兹因词语的降临，这未加测定的步伐，叫你前行。所谓希望或路，在拥有中还求助于什么？骑车在大街上，心想明天一早青川又要打电话来询问今天的行状了。兹因你出于对生命的热爱，曾为世人塑造命运的形象，为了小坝的建筑而不辞辛劳，何为要这样？在这世界上，朋友是你自己结识的，他们和你一样，觉得青川此一建筑应该有一种命运，而不是坐等夭折。我们的弱点，我们的力量。在这个世界上，痛苦也罢，走向死亡也罢，激情永远不会是漫不经心的。此刻，华灯初上，忙碌着的朋友，说不定正在埋头画图纸、写书，挑灯夜战，而在青川的大山里，不知道有多少农民在田里劳作了一天，说不定有的还未收工回家。这就是我们的父老乡亲，我们的兄弟姐妹。是这些普通的劳动者，支撑起平凡而燃烧的中国梦。忘记不顺利的一切吧，明天还要继续去冲刺……

　　我喜欢宁波这座城市，不只是呼吸从港口吹来的海风，也不只是欣赏三江口秀美的风光。①我有无数个理由为这座城市唱赞歌。

　　青川工程第二个转折点，起步于宁波市规划界朋友们的理解和相助，尤其要感谢宁波市规划局郑声轩先生的推介：平和的交往中益显踏实相助的可贵——2014年8月6日，第七届宁波市规划设计院院长联谊会在奉化召开。郑局让我从杭州赶过去发个言，讲讲青川的故事。

　　宁波简称"甬"，早在周朝已有此称。"甬"字是古代大钟的一个象形字，在鄞、奉两县的县境上，山的峰峦很像古代的覆钟，故叫甬山，这条江就叫甬江，

注：①甬江、姚江、奉化江三条江水汇聚宁波，三江交汇的地方就形成了三江口。

这一带地方就称为"甬"地。而今这口古代大钟响起来，仍然富有人情味，令人于尊崇之外还感到了几分亲切。

坐高铁到了宁波，奉化规划院来接我。一路上，朋友介绍说，1000多年前的唐宋时期，三江口桅樯林立，千帆待发，这就是中国历史上著名的"海上丝绸之路"的起点港。如今，船只林立的港口景象已早不见踪影。

宁波市规划局在重新开发三江口核心区改造提升规划中，提出城市形象提升策略，有几个吸睛的新景——桥上赏景，江边品茗；超高层建筑远离江岸；滨江空间还要统一Logo。从大、中、小的尺度来考察人和活动的集中与分散问题，这样的策略无疑是很有必要的，为了在城市和建筑群中获得高质量的空间，就必须深入研究每一个细节，然而，各个规划层次都必须为此创造条件，才能获得成功。

规划设计院院长联谊会，是个很出色的业内聚会平台，宁波市各个规划院定届轮流举办，各院分别介绍、通报近一两年来主要的规划设计情况，交流业务，我能有机会参加这样一个聚会，真是一个学习的机会。

我无意在此讨论规划层面的城市新景。在我看来，伴随着工业化的进程和各种城市功能的划分，使城市和居住区变得缺乏生机，对于汽车的依赖也使城市变得越来越单调乏味。这就导致了扬·盖尔所说的另一种重要的需求——对激情的需求。

听会上的各位院长发言，让人感觉宁波的城市设计比较人性化。建筑师对一些地区进行了设计或改造以适应慢速的机动交通。综合性交通系统对于城市生活的重要性可以从那些以步行交通为主的城市中得到验证。但即使是主要街道，这里上下班也没有杭州那样拥堵。

也就是在这会上，黄秘书长让我介绍青川的情况。郑局的发言是非常低调的，点到为止，但有启发性。不只是在座的人，我感觉宁波人都比较通情达理。其实正是这种通达为城市人群提供了另一种交往空间。与对于高楼大厦的体验相比较，交往中你会感到，对于活生生的人的体验更加精彩纷呈。

那天晚上用餐的时候，一个普通的大圆桌，我这不会喝酒的人，斟满了一杯杯葡萄酒，去跟每位同行敬酒交谈，他们也关心地问起青川的近况。

这一屋子的人，聚集在树一般绿色的弓形结构里，尤能让人产生出扎根大地的平和、喜悦，这也是宁波的一道风景吧！还没吃完饭，因为要赶最后一列高铁回杭州，我与在座的同行一一告别。

在火车上，我望着车窗外，夜幕下，树影一晃而过。一轮明月升起来了，是那样皎洁、美好。我想，这短暂的聚会，正是人们的相互交往和温暖的友情，构成了富于生气的城市生活。假如脱离了这样的城市体验，即使建筑物的色彩再多，体形变化再丰富，也无济于事。

从普遍的素养和社会责任感来看，规划院、设计院同仁的支持更通达实际，反馈的信息也更及时：规划院所从事的职业，他们的活动不仅具有影响到诸多社会生活方面的可能性，其本身的公益意识强也在绿化着世界本身。

那段时间里，我们还找到宁波市轨道交通工程建设指挥部和集团公司，提起筹款的事情，得到党委书记、常务副总指挥兼董事长尹文德、纪委书记李晓波等朋友的倾心相助。2015年早春，该公司发起爱心捐献活动，从决策层到建设工人们，共有2600余人次，28个参建单位参加活动，共捐出101944.50元——具体到几元几角，真正是一砖一瓦砌筑时。如此感人，体现了当代城市轨道交通建设工作者的精神风貌！

可以说，援建活动自宁波始，开启了另一个转折，后来，温州、金华、嘉善的同行们同样朴素，同样热情，在城乡规划界和社会各界的关心支持下，终于在2015年春暖花开的季节里，青川工程基本突破了它冲刺阶段遇到的资金困难。

本工程建设参与者分散于各地，工程运作过程中需要协调的事情很多，我们搞了一个各方代表的通信录，这样开个协调会、联系技术审核、需要整改的事情等直接交叉沟通都方便，有如一个条件交织的有机结构，相互联络，通过转换和调整尽量使工程保持在较佳状态。那时我正在读一本名叫《建筑细部法则》的书，书中曾介绍过一种团队合作和交流的方法，给我留下颇深印象。其实我们在工程实践中也完全有自己去联络的新形式。这可以看出两者自我实现的哲学、路径和目标是有些接近的，同样具有生命的底色，同样可以坦诚地倾吐出困惑、人的弱点、无奈的情怀和发出夺目的光辉。

注:《去联络》，罗伯特·慕勒（Robert Muller），前联合国助理秘书长，本诗作者；团队合作正如在一些小的国家的可持续发展所需要的那样，整体性参与已经延伸到全球范围。转引自《建筑细部法则》（丹）斯蒂芬·埃米特等著，柴瑞等译，中国电力出版社。

去联络

利用每一封写出的信
每一次谈话机会
每一次会议
来表达基本概念和理想
向别人表达你的世界观
通过思想联络
通过行动联络
通过爱的联络
通过精神联络
你是联络的中心
你是世界的中心
你代表自由生命和善良
无拘无束、大智慧的源泉
证实这个观点
传播这个观点
散播这个观点
每日每夜都这么想
你会看到奇迹出现
你个人生命的伟大
在充满巨大权势、媒介和垄断的世界
但是在50亿人中
联络是新的自由
新的民主
幸福的新形式

2014年7月1日项目主体已完工,并通过验收。眼下,外墙施工有改动,保温装饰一体板、部分装饰装修、4D影院安装、部分水电安装等工程作出了变更,新增了结构夹层。业主方再次来浙江,我们召集设计、技术、装修单位人员开协调会对接。带给浙大院《关于确认青川县未成年人校外活动中心项目有关变更方案的函》中附有《外墙保温装饰一体板施工方案》。后续还有许多事要和各责任方对接。这是烦心事,忧患的事,精神压力巨大,但因此动力也巨大。有些遭遇看来无法描述,无法说出。或许当这等事被搬上舞台,痛苦才得以重演。

但到今天,我有何感受?坦率地说,受此痛苦,理所当然。在多元社会的今天,那种"穷则独善其身,达则兼济天下"的处世哲学,那种独治其身以立于世而不失其操,有所为有所不为,固然是一种自我修炼形式;另一种有效的淬炼生活形式,则是相信人的自我总是处在某个环境中,总是在燃烧,用唐·库比特的话说,是思考他世界,过太阳式的生活。一个个排在工程现场等待你去克服的问题,已不再是仅仅停留在书桌上的图纸大样,也不只是储存在电脑里的技术难题而已,它们待在幽暗未明的地方,需要你用自己的光和热量去把它照亮。我们用自己的燃烧去沟通同样期待发光的生命个体,我们只有将行动的热望传递给他人,化身为燃烧,去不厌其烦地作最后的冲刺。

2014年10月,和浙大院陆总、蔡工多次讨论过墙外立面图案怎样画上去。外立面装饰方案中,本身标有施工顺序示意图,还有颜色的搭配选择,考虑可谓周全。但实际去做却颇费了一番脑筋。起初提出从山上砍些树枝来,将其钉到现场墙上进行喷涂,似觉欠妥;薄膜或硬纸板镂空,如何固定,其强度又不够;后将大块塑料薄板镂空成树枝状进行喷涂,树枝造型呆板,还是没有成功的。最后,从当地请来画师,来完成四面墙所有树枝和孩子笑脸图案的绘制,足足用了半个多月时间,画师的精神,真是让人肃然起敬。

外墙装饰图上,原拟水泥硅钙板3000mm×3000mm的孩子笑脸头像,现在采用人工画的办法来替代,从视觉上无论如何都是画龙点睛的一笔,现在尺寸仍然不变，远看过去效果一定要最佳。我跟蔡工讲，东南西北墙上这8个少年儿童头像，我们要选五洲不同肤色的孩子头像，要体现这样一个理念：尽管它的建筑体量不大，和我们曾去考察过的杭州、深圳青少年宫相比，两千多平方米的建筑面积算不了什么，但就其精神内涵、故事性、地域性、承载的意义和对4万多灾区少年儿童健康成长来说，意义却不一般，绝不亚于世界上任何一座青少年宫，所以选这8个头像，要有五湖四海的孩子笑脸，象征着一个小小地球村的诞生。而且要将木鱼中学小英雄何翠青的头像放在建筑东面入口处的墙上，为的是把家乡人心灵中最值得赞美的一面展示给世人。我们随机找来中国的、欧洲的、非洲的孩子照片一一进行筛选，经过抽象处理后放大，看看是否合适——直到审美效果和它所承载的寓意交相契合时，便交给当地的民间画师，用他们手中的笔去付诸实施了。

建筑师绘制的青川县未成年人校外活动中心外立面装饰图——我要说这套图设计创意得格外美，格外富有抗争命运的艺术气息，那挺拔向上的树枝先从土黄色的墙根挣扎着长出来，而且色泽构思上有几个不同的层次，富有质感和肌理，这样的树枝象征着从废墟中长出来，且越长越葱郁，枝叶一直冲向蓝天。

假如说第一套方案建筑色块具有鲜明的蒙德里安特色，那么从第二套方案起初时的条状色块到外立面装饰图阶段出现的树林造型变化，也跟画家某一时期特别喜欢创作树的绘画一样，表征了人的经历与内在生命演绎的关联性，这就是为什么一个人绝不可能只把创造性定位为一种主观现象的原因。

建筑师和艺术家们怎样与他们的世界交会的，我试从蒙德里安画作中寻找类比。从他1904~1905年最初的现实主义作品，一直到他后来在20世纪30年代的长方形和正方形的几何图画，人们可以看到，他一直在努力发现他正在绘画的客体（特别是树）的潜在形式。他似乎很喜欢树。1910年左右的绘画，一开始有点像塞尚的作品，后来则越来越深入树的潜在意义——树干充满生机地从深植着树根的

注：何翠青，四川省青川县木鱼中学初一学生。地震中，她本可以安全逃出。2008年5月12日地震发生时，她已经走出寝室，这时她忽然感到脚下猛烈晃动起来。她拔腿就往楼下跑，可想到睡梦中的同学，却又转身跑回寝室，大声呼喊"地震了，快起床！"令人没想到的是，何翠青和同学刚跑到门口，宿舍楼轰然倒塌，她感到腿上一阵钻心疼痛，接着便昏了过去。震后50个小时后，救援人员终于将她救出。获救后，她却永远失去了右腿。13岁女孩何翠青的壮美之举深深感动了社会各界。中共中央文明办、教育部、共青团中央、全国妇联发起的"抗震救灾英雄少年"评选表彰活动中，何翠青获选为"抗震救灾英雄少年"。墙上的画选自何翠青在医院接受治疗时的一张照片。

土地上长出来；树枝以立体派艺术家的形式弯曲着，并下垂到作为背景的树木和群山之中，这美妙地说明"树的潜在本质就是我们大多数人的潜在本质"（美国存在心理学家罗洛·梅语）。画风的转变折射出作者在某一时期心理和精神的反思。现在我们看，认为建筑师这套外立面装饰图只不过是在图纸上"绘画自然"，仿佛他们只是树林与时代不合的摄影师，这是很荒唐的。对他们来说，大自然中的树林是他们用来揭示意义世界的一种寄托、一种语言。我们经历了第一套方案未能实现的痛苦，这套诉诸理想的方案与自然的意外疏离，起因于三棵树的被砍伐和现场地形地貌的被改变。建筑师没有抱怨作品命运的遭遇，而是为它创造出新的建筑造型和立体墙面层林尽染的色泽图画。真正的画家、建筑师、工程师、诗人、雕塑家、造园艺术家，他们所付出的一切，都真正是能负重的。在我看来，此一负重不只是揭示他们与世界关系的那些潜在的心理和精神状况，还表达出了夭折之树的心声：你来之前我们就来了，我不在时你们整日为伴，你不在了我们继续生活。

2014年国庆节假期，我飞往广元，对工程现场进行检查并了解情况。关照业主方、施工方和监理工程师，在后续的施工中，务必保证工程施工人员的安全，千万不能出事故。

工程验收在即。屋顶花坛，需要选哪些植物和花卉最适合？多次给杭州大通园林楼建勇总工打电话，向他请教，并希望给予帮助。他在南宁，为广西壮族自治区园博会造园的事情在忙碌。作为我省首屈一指的园艺大师，春夏秋冬不管是哪个季节，他总是身体扑在花圃里忙碌。选种、育种、栽培，十足一个恰佩克笔下的园丁，除草、料理花卉，制作有机肥，身体扑在地上，整天"把屁股翘得高高"①。因为太忙，他总让我等等，说要挤出一段时间来秦岭以南一带，专程来考察这里最适合栽种的小乔木和花卉物种。

屋顶的一个个花坛砌成以后，施工方就近挖了大量的泥土运上去，设计人员发现后，提出这些土不符合要求，它们重且不透水，排水功能差，对屋顶结构承

注：①捷克作家恰佩克《园丁的一年》是一部田园牧歌式的园艺小品。他笔下的园丁形象鲜活可感，在反复描绘园丁痴迷于花园的字里行间，作者奉献给我们的不仅是捧腹笑料，也是"对人类无可救药的乐观精神的绝佳佐证"。

重不利。我还担心一些杂树强有力的根系会顶起石板、撑裂露天的排水沟。比如臭椿,它们带有翅膀的种子会嵌进人行道裂缝,跑进地铁隧道。十年之内这些树的高度就能超过9m。园林专家建议要去花卉市场选购有一定比例的轻质土。为此监理工程师小张跑了许多地方,最后据说是使用锯木灰与种植土搅拌之,才得以解决轻质土的问题。

10月下旬,楼总从成都的花卉苗圃精心选购了200多种花卉植物的大小苗木,风尘仆仆运至现场,并完成栽种。种完树后,据说青川朋友留他吃个饭都顾不上,因为要赶往成都,飞桂林,真是风尘仆仆。可是为屋顶花坛植物配置的事可真没有少花他的精力。他还建议:待将来活动中心竣工仪式的时候,要让孩子们亲身参加种树活动,这样对他们今后的成长,乃至一生都会有影响。我由衷地感佩他的指点。

二十

栖居的盛典。2015年6月1日——在秀色可餐的蓝天下,青川县少年儿童之家如花盛开。风中的树叶,默然作响。燕语萦绕,蔚蓝作陪衬,和煦的朝霞哟,在我率先感受到你一缕缕光线的地方。

夜色已深的昨晚,乔庄镇迎来了最后一批可亲的客人。想必明月清风,和好客的家乡人的热情,一下洗去了他们一路而来的劳顿。放下行李,也不及休息,几位朋友就跑到乔庄河边去溜达,临风呼吸,览望满天星斗的夜色了。

6月1日早晨8点,部分爱心单位代表早早地来到位于县文化广场的文明办会议室,参加"爱在青川公益联盟"成立前的第一次活动:首批结对帮扶12名优秀贫困学生活动。他们来自不同的乡村,家庭因遭遇变故而承受着艰辛和困苦,对此叔伯阿姨们殷殷关切,细细询问,温馨互动的场景令人为之动容。受助学生最小的9岁,帮扶单位将要一直帮助到他(她)大学毕业。这些孩子质朴、可爱、懂事，从小就受到生活磨砺，有一颗进取向上、懂得感恩和回报社会的心。爱心人士的帮助，对他们来说，也预示着一个较好的学习环境正在到来。

开完结对助学会议，我们即赶往小坝。但见这座花园建筑，静静地在迎候相聚此间的人们，分享这欢乐，让它的幸福显露真容。经过长达近6年的等待，青川县少年儿童之家终于将在今天正式投入使用，这意味着青川县4万多名未成年人有了专属的活动场所。此时，来自浙江和北京的46名爱心人士一一来到，与孩子们共度六一国际儿童节。

当人们沿阶而上，来到建筑的入口露台，环顾四围，首先映入眼帘的，是绘有葱郁树林的外墙，和挂在"树林"中的"青川县未成年人校外活动中心竣工仪式"红色横幅。爱心人士们在这里驻足、叙情、拍照，这是一幅巨大的画框，收进了又一幅新作——就像打开的窗户一样富有美感。只因它们宛如自然界，与林中之树相辉映。

中共青川县委、县人民政府在这里将举行隆重而欢快的仪式：携厚礼而来的小坝，正敞开它的怀抱，迎接青川的莘莘学子，和远道而来的亲人们。花儿美，因为花开在阳光下。而我们人，经常能在生活中发现，会有比那些花儿更美的事物。

迎着朝阳，诸位代表纷纷相聚、留影，欢乐地叙情。欢乐总是姗姗来迟。君莫问，何处是故乡的小树林，再没有可爱的小城门迎候这批归来者。友人们聚在一起握手留影，近六年的艰辛困苦，尽在不言中。花园建筑两边的构造柱上，左右各竖着两块银灰底色黑体字的牌，一块是"青川县未成年人校外活动中心"，另一块是"青川县青少年宫"，各以大朵红绸覆盖。主持人宣布，为这座花园建筑的启用揭牌。

一队队少先队员来了，还有青川的父老乡亲，和代表们一起。信步走上宽阔开朗的露天楼梯、转过又一层露台，登上视野开阔的顶层。

欢快雀跃的氛围开始静下来。自然多么素雅，就以青山蓝天和白云为背景，主持人宣布仪式开始，一列少先队员列队跑上来，给每位代表系上鲜艳的红领巾。少年，带点稚气的可爱少年，当他们为你系上红领巾的一刹那，你会依稀见到祖国英气飒爽的未来。这一刹那，你会觉得这些年所有的付出都是值得的。就算身心喋血，乃至不复存在，又如何？我深信，唯有心灵纯洁，才有力量。

这是竣工仪式，是庆祝会，也是新奏响的序曲。在各项议程中，首先是"爱在青川公益联盟"宣告成立，一面锦旗，象征着这序曲的奏响。通过这样一个活动平台和不断深化帮扶机制，爱心人士将致力于支持青川县未成年人工作，使一群群可爱的孩子得以安心学习、快乐生活、健康成长。

随之，县领导为本工程援建者代表颁发青川县荣誉市民证书。这意味着，60多位企业代表和爱心人士，获得了丰饶齐备的家乡情和新的激励。这是本质，这是外表。善良，无一例外。世人虽说忙碌不堪，但一遇到乡情，你的心情，就像美丽的小溪，让人动情。

主持人县委浦副书记邀我代表援建方讲话。我说，青川工程给了我们报效祖国的机会，生命中我们所有的积极行动，都是为了活出人生的意义。如果说此刻我们的开朗应受到赞许，那是因为其精神吹拂在这座建筑的院子和花坛之间。我指的是：乡愁的命运在于栖居。

每一位为青川家乡建设操持地劳作着的人，都会体验到家园情的凝时之景。我在听自强县长、承甫同志的讲话中，在与友人们的交流中，无一不感到他们对青川家乡建设劳作者的情，因为他们就是其中的一员。这是比邻而居者的说和听，这些亲切的话语呈示出了劳作的间域，在居家，在田野，在山林，在峡谷，人们在劳作的领域彼此交融，浪浪相推的情形。

还有个节目是《工程建设安全技术与管理丛书》的首发仪式。王延兵副社长代表中国建筑工业出版社，将这套丛书中已出版的部分书籍，以及精心挑选的建筑、艺术、文化等普及类读物和建筑模型等赠送给青川县未成年人活动中心，希望能为孩子们提供丰富的校外生活。

最后一项议程是在讲解员陪同各位来宾参观这座花园建筑前，请各位代表和孩子们一起，共同种下象征幸福的葱绿植物、花卉作纪念。这也是为了实现浙江籍园艺家楼建勇先生的动议，尽管他本人因忙来不了竣工仪式现场。一时间，铁铲、小锄头，大小园丁们弯下腰劳动起来，干得不亦乐乎！一会儿就汗流浃背，铲出一处处土坑，将树苗和花卉一一扶正，培之以土，浇水，让我们尽力而为，让劳动和栽培来度过慰藉人的节日。

午后，阳光明媚的乔庄，忽而一程舒雨，一下子又雨过天晴。空气如此新鲜，这时候你到活动中心去走走，心情会觉得特别敞亮：富有生气的庭院、入口的过渡空间、盘旋而上的宽阔阶梯、屋顶花园平台，建筑物周边的树木草皮、通透的户外小空间和主题喷雕，通向有阳光的地方，还有西北面那郁郁葱葱的山岗。我在想，不远的将来，这里穿过树荫空间，或可以种上一片果树林。在那里有花园野趣，有园中座椅，而孩子们的这座乐园与大地紧密相连……

为何感到欢欣？这是一个传统的建筑梦吗？或许是吧。使建筑本体最慰藉的心灵，不正是命运般地栖居在一方土地上？它召唤我们趋近理解性之源。坦率地讲，它是一个令所有人愉悦的能量中心，是居家和邻里之间交往空间的呵护者。正是这座城堡，作为礼物，将给青川的孩子们带来无限的欢快。

活动中心竣工三年后的今天，在我们着手撰写这本书的过程中，曾出现过几个不同的书名，陆激老师和我有过善意的争辩。他说《匠心筑梦》比较符合他的审美旨趣，而我比较倾向于用语言表达的"场所精神"。不过，筑也罢，言说也罢，有一点我是深信不疑的，就是说筑梦不只是现实生活中某些缺憾的补偿，更是一种愿望的达成，是生活中某种追求的反映。

青川县许多老乡在"5.12"大地震中遇难了，包括380名少年儿童。觌面无缘，人们便把重逢的希冀寄托在梦境之中；一件向往已久的事情，由于条件的限制无法在一年半载里实现。但通过近六年众人不懈的努力，终于使此一建筑本体之形展现给世人，也使人们置身于梦境的美好愿望得以如愿以偿。仿佛沉酣在幻觉中的希冀，经过山程水驿，雨夜霜晨，忽然呈现在人们眼前，这件事情的经历本身，不正回答了这样一个问题：怎样的生活值得我们过？

今天，我们一直在讲不忘初心，没错，如果说语言赋予事物以新的生命，那么也只有它能够完整地回答人对文化和意义的探寻，并引领我们自身回到事物的起源。

我将家园"匠心"或者"专注、沉浸、耐心地做一件事的心态"称之为一种彻底的自然主义精神。当匠心的世界被视为乡愁的倾心，那么它的栖居即便是艰苦的，同样可以是诗意的，可以形成诗的能量之流和如歌的命运叩门的交响。

评价一下这座建筑对光的利用。它的存在既是形象的存在，又是参与使人心灵亮堂的形象的存在。当你走进多媒体教室、舞蹈室和美术室，落地玻璃造型优美，室内外光亮通透的形象为人们提供的是使生命愉悦的插图：首先是自然采光佳，一块块比例长宽适当的落地玻璃，成就了一种格调，这是建筑生命的另一种窗户，使户外的绿树灌木能直接进入眼帘，有树荫有阳光，室内的光线显得非常通透、柔和、明亮而快意。就像路易斯·康所说的："自然光给予了空间特性，也给予了建筑生命，因为建筑的生命是由光的照射而产生的。基于此，除非给予建筑生命，否则没有一个空间是真实存在的。"自然光影作为建筑空间的灵魂，我说这营造出光影空间的形式美和内容美，凸显了建筑师的匠心，走进这哲学意义君临的存在空间，真是快意人心。

在建筑形式上，建筑师根据原生地形地貌的变化，再融入建筑的美学认知，塑造类似合院的朴素清新，而其创新活泼的造型和布局能永葆活力，在于它坐落在与山景及地形高差联系最为适合的位置，使之与环境的交往空间相得益彰。

公共空间的处理是建筑设计重要的着墨点。当你随着开阔的阶梯盘旋地穿过架空地带一路走上去，视觉中出现的景观在不断变化，因而永远给我们带来一种新鲜的感觉互动。这一切，一定是源自建筑师较长时间的观察和经验的积累。这里比之在校园中真实的活动模式会更灵活，除了在课堂中师生之间的互动以外，更多的时间可以使孩子们在户外、大厅、楼道、屋顶平台和花园之间尽兴转悠、玩耍……

建筑师双手的表达能力让人们更加关注的不只是建筑的物理持性，而是以某些创意灵感为起点的语言，借助草图、设计、工程技术到实体，最终仍然回归到表达的语言。犹如骨头和肌肉的组合，神经和皮肤的排列，触觉独有的生命形态，林林总总汇聚在一起，成就了建筑的形体语言。

二十一

2016年夏天，家斌副县长陪我、浙大院的几位设计师和蓝老师到唐家河住了一晚。夜色是那样的神秘，我们走出户外，仰望满天星斗。一切都极静谧、极迟缓，仿佛万物都在默默无语，又像是在亲切地交流。我从未见过如此多闪烁的繁星，在"苍穹曾在恒常"的伴游中，感知白昼的欢喜，夜晚的酣眠。"北斗星，看，看！"不知谁惊叫了一声。北斗星就在头顶，连它柄的朝向都历历可见。

冯工说在手机里存有一款天体星宿软件，从屏幕上可以找到头顶不同方位对应的星星。打开来看，很神奇，这是物理-技术地展开的空间，莫非是唯一真实的空间？相比较而言，其他尺度的空间、艺术的空间、日常行为和交往的空间，都只不过是客观宇宙空间的范式和变式？我们在《希腊神话故事》等书中读到的猎户星座①、火星②、木星③、七女星团④的故事，这些故事所展示的难道是以主观条件为条件的空间？而此时，绽放之苍穹伴送地惠于大地的，似乎有另一种空间的声音，在发出声响。

听！唐家河夏天的夜空下，远近的昆虫世界在发声，它们以自己锯齿状的翅膀发出声响，清脆而悠扬，仿佛小如草丛里的昆虫，在浩渺的夜空下，也跟闪烁的星辰发生着神秘的联系。这感觉真是奇妙。

注：①猎户星座以希腊神话中的玻俄提亚巨人猎户欧里昂得名，欧里昂娶太阳神的妹妹为妻，太阳神不悦，阴谋射死了他，升天为猎户神。

注：②外文名字以希腊神话战神命名。

注：③即朱比特星，外文以希腊神话诸神之主宰朱比特命名。

注：④七女星团又名昂星团，外文名字为普利叶，希腊神话中巨人阿特拉斯的七个女儿的总称，她们化为鸽子飞上天空，变成七颗星。

次日清晨，天空一洗如碧。当阳光出来的时候，我们来到溪边，像做回孩童似的，来捡各种形状、色彩的石头，带回去收藏。这些古老的石头，在这颗小小行星上的一隅，不徐不疾、无声无息，在溪边一待就是上亿年，而今，它们将飞越1800公里，作为青川县最古老的使者之一，落户在我们的案头书桌。

青川县名因"其水清美"而得（"其水"指青竹江）。自西汉置郡至今，历代设置州、县、郡、所、司、汛17次，迄今已有2300多年的历史。

经久不息，这历史没有人能单独承托；这样的财富应乐意与他人分享和交换。沧桑无语，乡愁惠情，语言的威力在悄悄增长：宽慰吧！请听声震大地的回响，古国遗风由此间的百姓继承，恰如其分而又富有创造力。

如碧的青山，有几次召唤我走进这里的乡村，走进一户户贫困的百姓人家，在山间的农家土屋里围着火塘，和老乡抵足而坐、衣襟相触，拉拉家常，体验和关心他们的生活和疾苦，感觉比较踏实。有宁静和谐的境域，远离纷扰；有寂寞勤苦的身影和面庞，自然亲切；朴素的话语如明净的河川——水清见底。这是我们回到初心的地方。

有时候，我从林木葱茏的幽谷看到白云从苍穹飘过，看到那些在田里劳作了一天的人们，在阔野的星空下，疲倦，怡然，和风跟他们一起送走晚霞，望着那远去的背影，我会默默地为他们祈祷、祝福！

这些年我做了一些应该做的事，青川的朋友们却总在念叨着，我想说：家乡建设是一个传承，就像读书是一个传承一样，而传承则是一种情感的记忆。思索房屋建成后常被人提及的重负，最好是几乎让人忘怀，埋身于乡野的新绿之间，淡于吟诵，初学者似地拜自然为师。

平静地回忆起自己当初，为什么会决意来到巴蜀之地，为震区建设做出一份奉献，而且一坚持便是多年？简单地说，震灾中生命所遭受的一切苦难和创伤，在我们身上唤醒的东西，首先就是真实的人性，是人性中的善良，是对一个个活生生的个体生命的同情和尊重。大自然赋予我们的品质，也需要我们在心性上达于成熟而不失去初心。人的各种智慧品质，包括恒心、思维能力、想象力、直觉、灵感等，都需要被调动起来，外倾出来，将内在的灵魂自由，化生成行动。再就是伟大的抗震救灾精神，激励了许多人，也催动我把蕴藏在自己内心的爱、激情、恒心和担当，以及学到的知识和工作经验最大限度地奉献出来。

非常幸运，在震区家乡建设中，青川的干部脚踏实地的奉献精神，始终深深地感染着我。我们的所有工作都离不开青川县委县政府的默默关心，也离不开与业主单位青川县委宣传部、县精神文明办等部门同伴们的守望相助，经过近六年的坚持和努力，从立项、选址、红线图、地勘、初设、施工图纸、三通一平、图审、工程预算、财评、网上招投标、签订施工合同、施工和监理单位进场，直到2015年春竣工验收，一路走来克服了重重意想不到的困难。家乡有情，人间有爱，艰难困苦，玉汝以成。我们和马健部长、罗家斌副县长、刘成林、苟蔚栋和李映霖主任及县文明办干部熊凯、杨丽华、尤顺亮、李玖碧、司机赵友等一大批青川儿女结下了诚挚的友情。这犹如播下种子，度过秋冬季节，直到春临大地，新绿萌生。

"生命给每个人带来任务，"爱默生写道，"而无论您选择哪一种技艺：代数、种植、建筑、诗歌、商业、政治——所有这些都是可以实现的。甚至在相同的条件下，能达到奇迹般的巨大成功……从开始起步，循序渐进，一步一步走过去。"[①]对，小坝的工程实践证明了生命带给每个人的任务，是可以实现的。循序渐进，一步一步走过去，那层难以穿透的硬壳终究要被打破。我想再补充一句，人的自我寻求，必须用辛勤的汗水写成，必须有勇气作为我们信念的基础。若没有勇气，我们的忠诚就会成为遵奉（Conformism）。若没有勇气，其他价值观就会逐渐衰弱下去，成为美德的摹真本。

当你静心去听贝多芬的《c小调第五交响曲》，它会把你带进整个生命中脉动着的那股力量。就像美国诗人西德尼·拉尼尔所描述的，此一交响曲抚慰"折磨不安灵魂的那些思想"，包括"自愿与命运之间的游移不决／似乎两者都不可能，但却可能"。

有如烈酒之回味，饮用《第五交响曲》，小坝这独一的建筑，风雨兼程一路走

注：①引自《命运的叩门——贝多芬〈第五交响曲〉与人类想象力》113页，[美]马修·圭列里著，徐康荣译，广西师范大学出版社。

下来，确实是一种抚慰；它的遭遇，它的命运，虽然无法印证"自愿与命运之间的游移不决"这一言路，但在不可能与可能之间，自愿与命运最终自然地融合在一起，使乡愁的倾心成为一种栖居。我不知道这算不算奇迹？如果算，我宁愿相信《道德经》里那句话：天道无亲，常与善人。

犹如一砖一瓦砌筑时，建筑成为文字，是故事，筑的事情穿越时空，记录着人们的家长里短。建筑诉说着其背后的公众为之付出心力将其建成的劳动生活，是建造了它们的人们，以及驻留于其间的记忆。古时候诗人用文字讲述诸如筑居之间的人和事，不一定只是沉香亭畔、温泉宫前的隽影，还可以是"此心安处是

城市景观·雕塑·贝多芬像·2006年秋笔者摄于青岛

吾乡"的人生顿悟。就像古希腊妇女用彩色鲜艳的彩绘布料讲述她们经过战火磨难的生活经历，我们也用朴实的语言讲述我们经历艰难之后的憬悟。

从事城乡建设和建筑之美的事业，在于它是一种全方位的体验，一种与他人共享的苦乐。我欠了很多人的情，但他们从不图回报。他们是铺路者、设计师、艺术家、技术员、工匠、园丁……毋庸置疑地，只有在精诚合作的奉献精神激励下，才使眼前这一作品展现出中国建筑的公共面貌。它的核心，在我看来，不仅有着独具看点的"源脉——家园匠心"，也是一群躬行者，以一种自我融入的方式生活下去，以到达更好世界的努力。在乡土乡情中，没有比留下一座花园建筑更带有传统的人情意味，也没有比用语言留下一段励志的故事更带有传奇色彩了。

2018年1月10日，青川来电：东西部（浙江四川）扶贫协作国家考核组于1月12日将来青川考核、座谈，县里让我过去谈谈这近十年来东西部扶贫协作的体会。我翌日即飞往广元。12日晚，在县府会议室座谈会上，我就这些年来持续关注青川教育扶贫协作和建立长效合作机制的实践体会，向与会考核组作了介绍和汇报。

打赢脱贫攻坚战，是党中央向全国人民做出的庄严承诺。根据青川县委、县政府的决策和部署，2018年全县要脱贫摘帽。宵衣旰食、勤劳勤政的青川县领导的工作作风，他们亲民、踏实、胸有宏图。县里建规划，立政策，树典型，大力发展旅游经济，全方位开拓东西部扶贫协作的渠道，全县的干部都在为精准扶贫忙碌于一线；这些年全县所有的劳动者创造的辉煌也昭昭地展现出来。青川教育脱贫面广、量大、任务艰巨，作为家乡建设者，我们期待"爱在青川公益联盟"进一步伸出援手，助青川教育脱贫之力。

青川县的未来。乔庄镇作为一个宜居的县城所在地，青山如黛，碧水流长，是一座精致而婉约的小县城，它的结构形态是可以解读的，是可以用情感来记忆的，是可以用人的种种智慧来创造的——10年了，规划专家、农科专家、建筑师、工人、医生、教师……无数浙江儿女走进这里,为的是让许多素未谋面的人过上好日子。

我们已经进入生态环境的保护时代。这些年,县委县政府提出了实现生态县理念的一系列战略构想。凡是真正打算为生态县建设助力的人,如能将一些规划要点常记心间,则将从中受益。我们一切规划、设计都离不开环境,离不开人居,离不开建筑的生态要求,我们要塑造生态群体、生态城镇,要注重技术的生态、政治和经济的生态,要使人与环境和谐共生。在生态设计时要关注植物的种植设计和配置。植物配置有生态的功能,也有美化的作用,要注意乔木与灌木互相搭配、分割组合。

对于未来将会怎样,我们非常需要积极地去想象和描述。这十年,青川正在书写着一本具有开创意义的书,任何关心我们未来的人都有读它的必要——它可与任何一本家园之爱的书相比肩。这里藏着一个美丽的大世界,它催人奋进,等着你来探索。

著名的唐家河国家级自然保护区,宛如一个巨大的绿肺,养育着生态多样性。

对生态县的县城、古镇、风景区和农村而言,更多的造园工作如城乡果园、太阳能温室、屋顶花园等都是有益于提升人的生活质量的。但有许多劳动,就像我们肩扛的木柴、手提的铁铲,虽然沉重,却不能扬弃。

青川正在催动其农业向新的方向大步迈进。农作物的驯化,农业技术的相继发展,使灌溉、耕种、统一收割、脱粒、扬谷、碾磨和最后的烘焙,都能依靠技术力量,来帮助农民从繁重的体力劳动中解放出来,它正在彻底改变一切全都靠"必汗流满面才得糊口"的观念。而今,古法施肥,使农作物重返生态,也改良了土壤;而规模化种植,使农作物产量、农民的收益有了更大幅度的提升。

作为故园的一道好客之门,青川事实上正在成为更多都市人生活、旅居的地方,同样也能成为每个都市人感受真正的生态食品得来过程的地方。通过在公园里和沿街建设花园、果园、雇用都市农夫提供农艺服务以及税收减免,上述的目标就可以实现。

"农+旅+电商+扶贫"模式正在成为青川的一道亮丽的风景线。农民收入持续增加,蜂蜜、药材、菌类等的规模化发展和经营,要培养本地人才,精准脱贫,可就业,可发展。

和煦的阳光,怡人的午后,当旅居者入住新青川大酒店,推窗见山、见水、赏月,有免费宽带,畅享与世界随时沟通的便捷。超市、邮局、银行、诊所、商店、旅行社,城市公共设施功能配套一应齐全。

这里涌动着未来感十足的脉搏,也珍藏着古老厚重的文化。县城里有打篮球和打乒乓球的全民健身中心;在傍晚,去河畔广场走走,能见到人们在音乐的伴奏下,轻松快活地跳健身舞的身影;这里有清洁的街道和商业区活跃的人流,也有闯入书店漫步的闲云野"鹤";有味蕾世界里的川菜,也有舌尖上的中国。

据青川县住房和城乡建设局雍局长介绍,"乔庄镇这几年每年新的外来人口在不断递增,每年递增两三千人,到2030年,县城人口要达到5万~6万人。"随着新一轮的总规修编,县里现正在为后续人口的增长做土地利用规划的调研。在县城西北方向的狮子梁上,眼下正在规划建造一个小型直升机机场。客观来看,由于交通的便利和生态环境的优越,在不远的将来,在就近的荒郊野外建造一个骑马休闲俱乐部我看都是有可能的……

好快呵!一浪跟一浪,滔滔不息!愿青川的少年们,努力学习,迅速地成长,待将来的家园建设应需之时,正好试试他们初生之犊的勇气!

我们要热爱祖国,走向自然,走向未来,返璞归真。要有宽广仁爱之心。人只要不失去对非功利东西的渴望,耕耘、耕耘——基于人的内心渴望去播种,就一定能昭示出对于希望之林的确信。这样说来,"为后人用来荫庇的树木"将变得真实可感,仿佛不只是走进眼睛的花园,而是将一种理想存在的价值图景种植在大地上。

青川县在震后重建过程中，曾经产生了大量城市规划和建设数据，包括地形图、规划成果、市政和道路建设图纸、规划审批数据等。为了高效地利用这些信息，提高建设管理的信息化水平、避免城建信息的丢失，也为了未来的城镇建设积累信息资源、有效应对后续灾害，我在2013年春，曾邀武汉大学和浙江玉环城乡规划设计院的友人一起，做过一个青川灾后重建规划建设信息服务平台方案。今天，重提此事，是希望这项工作在浙江省规划界和青川县规划建设部门的共同关心和努力下，把宝贵的城市规划和建设数据利用起来，为今后的生态县建设服务。

不只是过去十年，我期待过去、现在和未来会形成一个能呈现一切体验的结构之整体，并且这种时间性的语境乃是不可逃避的视域。

2018年8月于杭州

情 怀 篇

我们愿把它作为第二家乡（楼金）
授人玫瑰，手有余香　奉献爱心，收获希望（沈元勤）
舞动的建筑，心灵的纽带（董丹申）
家乡（徐一骐）

————

寄语（马健）
心留青川（陆激）
用爱托起美丽新家园（吴建荣）
绿水青山寄深情（楼建勇）

————

割舍不断的情感归宿和精神家园（方利强）
心语连接（吴飞等）

我们愿把它作为第二家乡

楼金

"青川"——青山秀水，真是名副其实，不仅如此，其含义更符合当前习近平总书记所大力提倡的生态文明的追求。这里有健康长寿最需要的好空气，泉水瀑布、婉转溪流，好像把青川围上了如珠如玉的项链，有鲜花在绿丛中缀红，飞禽走兽，彩蝶鱼虫，更有热情奔放的乡亲。深情温暖的款待，使来者既如处仙境，又如处家乡的温馨怀抱；我们为祖国有这样美不胜收的仙境而自豪，我们愿把它作为第二家乡，让它更加美好，为它加砖添瓦而尽一份力量。

楼金

海南亚洲制药股份有限公司董事长

授人玫瑰，手有余香　奉献爱心，收获希望

沈元勤

中国建筑工业出版社是中宣部、新闻出版总署表彰的全国第一批"优秀图书出版单位"，2009年被评为科技类一级出版社，获得"全国百佳图书出版单位"荣誉称号，连续四届被评为"中国出版政府奖先进出版单位"。我们秉承"团结、敬业、诚信、创新"的社风，努力为建设行业和社会提供最有价值的产品和服务。

在2008年的汶川地震中，青川县受灾极为严重，青川县未成年人思想道德建设及爱国主义教育场所遭到损毁，无法继续使用。地震给青川县带来极大的生命和财产损失的同时，更是给青川的未成年人造成极大的心理创伤。面对青川县财政极度困难的局面，为使灾区青少年重新拥有属于他们学习生活的乐园，拥有充

沈元勤

中国建筑工业出版社原社长　编审

实丰富的课外生活，为了切实给灾区贡献一份力量，丛书主编徐一骐先生勇挑重担，发起援建活动，与丛书编委们一起承担起筹资建设"青川县未成年人校外活动中心"的艰巨任务。

2012年丛书编委会代表到我社就丛书选题、内容以及合作方式进行了洽谈。考虑到本丛书的作者都是长期活跃在浙江省工程建设一线的专业技术人员、管理人员、科研工作者和院校老师，我们为其选择了市政工程、安装工程、城市轨道交通工程等在安全管理中备受关注的重点以及热点问题进行策划，策划了《工程建设安全技术与管理丛书》十个分册。

感动于徐一骐先生编写出版这套丛书的初衷，并将稿酬全部捐出为青川县未成年人校外活动中心恢复重建筹措资金的善举，我社决定无条件出版这套丛书，并列为我社的重点图书。

2015年6月1日，援建工程举行竣工仪式，并隆重举行《工程建设安全技术与管理丛书》的首发仪式。作为丛书援建活动成员单位之一，我社精心挑选了3万余元建筑、艺术、文化等领域适合青少年阅读的普及类图书，以及建筑拼装模型等赠送给青川县未成年人活动中心，希望能为孩子们提供丰富的课外读物，为丰富孩子们的课外生活贡献一份力量。

2018年5月12日是汶川大地震10周年。在这特别的时刻，作为一个科技类出版社，希望将徐一骐先生、丛书编委会以及援建单位的努力、奉献以文学作品的形式向社会、读者呈献出来。因此，与编委会商议将青川县校外活动中心援建项目做成一个纪念图册，将该援建项目从前期的筹款、策划、立项、选址、设计、施工，到后期的竣工等环节记录在册，即《家园之爱话匠心——四川省青川县未成年人校外活动中心建设纪实》，以示纪念。

舞动的建筑，心灵的纽带

董丹申

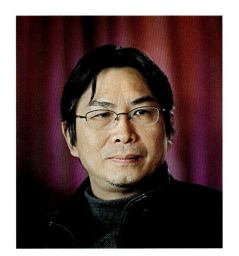

董丹申

浙江大学建筑设计研究院有限公司董事长

青川青少年课外活动中心终于落成了，我代表浙大设计院，代表项目组全体，表示最热烈的祝贺！同时，也要向全体爱心人士，特别是徐一骐同仁，表示最崇高的敬意，和最由衷的欣慰！不得不说一句：不容易啊！

这是幢小房子，却经历了长达6年的周折，写了段长达6年的故事，结了段长达6年的缘分。1600余平方米，造价也有限，徐处四方募集，各界人士爱心乐助，一砖一瓦，筑成善事。我院作为赞助一方，免费勘探，免费设计，免费协调……房子虽小，设计格外精心，一个目标，为孩子们在有限的场地与建筑规模条件下，打造最大、最自由的空间。所以，这是幢可以在建筑全身上下自在奔跑到达的房子，盘旋而上，内外一体，色彩缤纷。这是个专门为孩子、为童真、也是为爱心打造的家园。这一切均开始于徐处打来的那个电话，我第一时间就答应下来，6年间历经风雨，直到竣工，全在于两个字：坚持！

汶川大震，八方来援，在场也有许多当年参与过援建的同志。我院也有幸参与了33所中小学校的建设。浙大设计院是一家有60余年历史的设计研究机构，也是全国最早六家高校甲级院之一，具有很高的学术水平与工程实力，在国内外均有广泛影响，同时也是一个很有爱心的集体。

当年各地援建的大部队走后，我们留下，青少年课外活动中心项目启动。今天，项目终于落成了，高兴之余，我想，我们还要留下来，爱心故事，我们还要继续写下去，再写5年，再写10年，和青川的孩子们共同成长，永驻青春。

好吧，就让我们共同来记住并实践这个爱心的约定。我们永远在一起，谢谢大家！

家乡

徐一骐

岩石和脚印,一如从前
自从我们渴望回到家乡

家园总是此一家乡
家乡便是意义回响的地方

同出一把力
同造一片林
同筑一屋
至纯至美的童趣庭院

花园的原貌
与园丁们的真情
最及近的比邻

在青川,栖居着
我们的乡土乡情
栖居着苦难,阳光,忧伤,愿景

乡愁,与家乡之间根脉相通
乡愁,是坦诚深处的梦

2013年6月

徐一骐

《工程建设安全技术与管理丛书》主编

注:2018年5月12日浙江人民广播电台浙江之声"汶川地震十年"特别节目《浙川-这十年》现场。(照片由浙江广播主频率《飞扬访谈》编辑吴路遥提供)

寄语

马健

马健

青川县人大常委会副主任

在《家园之爱话匠心——四川省青川县未成年人校外活动中心建设纪实》一书即将出版发行之际，受徐一骐先生之邀，请我写一篇寄语，我虽感诚惶诚恐，但又欣然接受。因为此书通篇记述和描写的都是浙江爱心人士慷慨解囊，捐资援建青川县未成年人校外活动中心的人和事。在长达6年的援建过程中，一路走来克服了种种意想不到的困难，苦乐之间，逆顺之间，家乡有情，人间有爱，终于使项目得以顺利建成。这一艰辛过程，我感同身受，记忆犹新。此书可谓既是一本回忆录，更是一部爱心簿。因此，出版发行《家园之爱话匠心——四川省青川县未成年人校外活动中心建设纪实》意义深远。

它的建成，弥补了青川县在灾后重建中没有未成年人校外活动场所的空白。新建成的校外活动中心设计前瞻，造型新颖，功能齐全，质量坚固，规模档次在四川川北地区都是一流的。这一工程不仅是爱心工程，更是民心工程，是青川4万多名孩子的精神家园。青川人民也没有辜负徐先生和所有爱心人士的这片无私奉献，对他们的这一爱心成果，倍加珍惜。对此加强了管理与使用，每逢节假日，都要组织少年儿童们在这新落成的少年宫里开展主题活动，以此从小就开始培养少年儿童的感恩和奋进意识。

铭记是最好的珍惜，感恩是最大的回报。我们要铭记浙江亲人们对青川孩子们的大恩大德，要感恩所有爱心人士对青川县少年儿童的关爱，让浙川人民的真情和友爱代代相传，弘扬光大。徐一骐先生募集资金、修建青川县未成年人校外活动中心的过程是极为曲折的，涉及了诸多参与的人和事，他参与编撰的《家园之爱话匠心——四川省青川县未成年人校外活动中心建设纪实》就是对这一过程的记载，很是值得珍惜。人间需要温暖，社会需要爱心，让我们再次点燃爱的火花，唤醒更多的人，涌入爱的长河，构筑爱的伟大丰碑！

心留青川

陆激

陆激

浙江大学建筑设计研究院有限公司

2008年震灾后不久，我院即受邀赴青川参与援建，本人有幸参与其中，主持设计并参与建设了两所学校，开始初识青川。未成年人课外活动中心，是我和青川这段缘分的持续。一栋小房子，三易其稿，一度甚至以为可能会搁浅。所以当2015年中心终于落成时，我和主持此事的徐一骐先生成了相知甚深的工作伙伴。尽管并没在此项援建之外有更多交集，但五年反复、五年挫折和五年坚持，已足够我们相互了解对方的所长、脾气和为人。可以说，没有徐一骐先生，这件事情不会开始，但更因为有他，这件事情才能完成。当然，期间还有许许多多川浙两地各级领导和各行各业人士的支持和努力。而作为一名建筑师，最后落成的作品能被孩子们喜欢，对得起这么多人的付出，倍感欣慰，也感谢我的小伙伴们。

一般来说，房子造好，建筑师功成身退，很少持续再来。而中心，因为有徐一骐先生，有当地的刘成林、苟蔚栋、杨丽华、李映霖等同志……当然还有我所冯余萍、邱媛等同事们的支持，我和我的团队，把中心当作平台，一次次回到这里，也把自己的朋友们带来，给孩子们讲课，与他们交流、谈心。对建筑师来说，能在自己设计的房子里看到这一切，就是最高奖赏。

参与青川未成年人课外活动中心的捐赠设计，不是我第一次投身类似的公益行动，应该也不会是最后一次。浙江丽水景宁秋炉乡、淳安塘坞里村、贵州湄潭……都曾留下我设计的足迹。以专业所长做些力所能及的事，感动别人也感动自己，也添一分对建筑师职业身份的自豪。2010年接手中心设计任务，并没想到工作会持续六年；也没想到，这份感动会持续至今，无疑还将蔓延到很多个明天；更没想到，自己会有机会把千里之外的青川，视为第二故乡——很荣幸青川，我是你的荣誉市民。

吴建荣

浙江中南集团董事局主席

用爱托起美丽新家园

吴建荣

震后十年,青川涅槃重生,一个人民安居乐业、城乡繁荣发展的美好新家园屹立在世人面前。重返这片美丽的土地,我们为青川今天的新变化、新发展、新成就感到由衷的高兴和自豪!

中南集团和青川人民一直心连心,我们曾经一起度过了一段难忘的岁月,结下了深厚的情谊。2009年,中南集团援建了2.2万m²的青川综合物流中心项目,匠心打造了一个崭新的、现代化的新产业基地。2017年,中南集团为青川县未成年人校外活动中心援建了一座100多平方米的4D影院,让孩子们更好地体验到了高科技影院的震撼效果,能够更加健康、快乐、茁壮成长。十年过去了,我们在青川洒下的汗水与受灾人民的深情厚谊从未被时间抹去,那份跨越时空的关爱变得越加深沉和坚定。

家是最小国,国是千万家。青川拥有今天这样的新发展,要感恩我们有一个强大的祖国,感恩党和政府的坚强领导,感恩社会上无数爱心人士的无私奉献。让我们更加珍惜现在的幸福生活,用善心善举回报社会,用爱照亮这个世界。

希望社会各界的关心关爱,能够化为青川在新时代持续奋进的强大力量。期盼青川人民的生活更加幸福,祝福青川未来的发展更加美好!

绿水青山寄深情

楼建勇

楼建勇

杭州大通市政园林工程有限公司总工、浙江省园林大师、浙江省建设（造园）工匠

青山无木千年画，流水无弦万古琴
莫道人间少温情，一草一木皆是爱
天灾，在勤劳的人民面前低头
用双手改地换天
天灾，让祖国强盛的凝聚力
在世界民族之林中屹立不动
青川，汇聚了蜀越两地人民
血浓于水的人间真情
让浙江人在此
感受到故乡般的亲近
青川，多少个灯火通明的日夜
多少顶帐篷催促，多少双期盼的眼神
青川，多少灾后重建参与者念想的地方
世界上多少国政府关注的目的地
十年，小城新姿　旧貌变新颜
在街头巷道上刻画出江南意韵的心迹
十年，大爱无疆　诠释真善
在天灾难撼中昭示出动天感地的情怀

2018年10月16日

割舍不断的情感归宿和精神家园

方利强

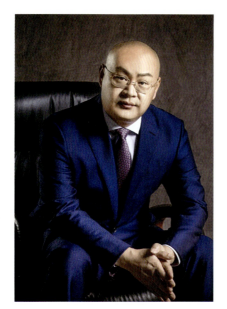

方利强

浙江诚邦园林股份有限公司董事长

浙江开展对口支援青川灾后重建工作以来，我们见证了青川古城凤凰涅槃的奇迹；十年来，浙江人民和青川人民结下了血浓于水的亲情。我们感动于青川人民在灾后重建中所表现出的坚韧不拔的精神，乐观自信、顽强奋进的天性，始终激励、鼓舞着我们每一位诚邦人，成为我们倾情倾力的不竭动力；我们珍惜，因为对口援建青川已经成为我们割舍不断的情感归宿和精神家园。看着由浙江诚邦园林规划设计院参与设计的崭新的青川县未成年人校外活动中心在废墟上拔地而起，看着一个个充满希望的笑靥绽放在灾区群众的脸上，我们无比欣慰。十年了，未来希望孩子们淡忘地震带来的苦难，多一份重塑生活的乐观。

我们把此次设计工作当成救灾重建的一条战线，每一位设计工作者都希望将自己对灾区群众的牵挂绘成一张张蓝图，为青川县的未成年人提供一个良好的成长环境，用匠心弘扬抗震精神、慰藉灾区群众。未来，诚邦设计将始终牢记企业的社会责任，充分发挥"乡村建设+设计施工一体化"的核心优势，为乡村城镇生态环境的改善和美丽中国建设贡献力量。

"为了生命与家园"系列丛书之一《工程建设安全技术与管理丛书》

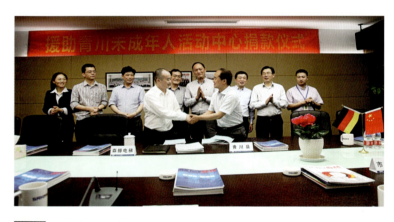

浙江湖州,热心人士们见证援建本工程捐款仪式 前左为森赫电梯股份有限公司李东流董事长

传递人间深情 书香爱心永驻
中国建筑工业出版社党委书记尚春明(左)、现任青川县委常委、县委宣传部长陈明忠(2018年)

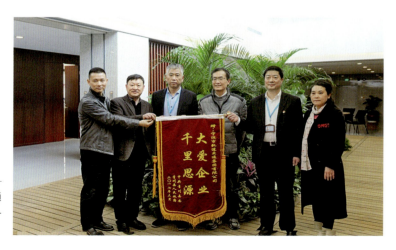

爱心传万里,援建谱华章:青川县向宁波市轨道交通集团赠锦旗 左起:李映霖、黎果林、尹文德、徐一骐、李晓波、杨丽华(2017年)

为爱而写——《工程建设安全技术与管理丛书》编制组会议之一

宁波弘正工程咨询有限公司陈金辉董事长接受青川县记者采访

2016年12月,"爱在青川公益联盟"成员在白家乡优秀贫困学生何婷家里拉家常

2018年9月,浙江大学建筑设计研究院党委书记、副院长吕淼华看望受助优秀贫困学生马玉筱

心灵的纽带、园丁的节日（2014年） 杭州市大通市政园林工程有限公司供稿

刘自强县长与中南集团董事局吴建荣主席签约援建4D影院

30名出生于2008年的孩子一起快乐创造,寄托众人的爱心

援助青川工程捐款仪式之一

宁波市轨道交通工程建设指挥部(集团公司)党委副书记李晓波到青川看望他帮扶的优秀贫困学生王鑫

2016年6月浙江大学数学系教授、原贵州大学校长陈叔平与青川学生交流

2018年5月12日汶川大地震十周年前夕,浙江卫视记者到青川县未成年人校外活动中心采访　浙江卫视记者张文心供稿

2018年6月"爱在青川公益联盟"第4次助学活动

给孩子们准备的T恤,参加活动的大人们穿上也很快乐(2016年6月)

娃儿们的快乐家园

2018年6月,中国建筑工业出版社向青川县未成年人校外活动中心赠送图书和建筑模型

2016年6月,浙江大学建筑设计研究院爱心小组在中心带领孩子们做手工

青川县沙州初级中学校董蓉泽老师和她的学生们（2016年6月）

2016年6月浙江大学建筑设计研究院丁禄霞老师走访未成年人校外活动中心

青川女孩王鑫（前右一）在2017"美德少年四川行"主题夏令营中

2018年9月祝一虹老师在为学生做心理健康辅导

2016年6月青川助学成员家访受助优秀学生肖新耀家时，与其班主任杨波老师（中）等交流互动

青川项目命运交响喷雕不锈钢管外喷
（浙-川-澳青少年画）设想

仙人掌　小学1年级　徐子琦（杭州）

人生（局部）12年级Grace（澳大利亚）

环保车　7年级　赵韦（青川）

本书主编现场调版，
2019年5月27日于北京

青川县城乔庄镇醉人夜景　摄影：《人民画报》记者　秦斌

心语连接

"5.12"汶川大地震后10年,看到青川人民流露出幸福的笑容,我们倍感欣喜!青川人民不畏艰难困苦,以顽强的毅力战胜天灾,以百倍的努力投入家园的灾后重建。回忆在共同相处的1000余个日夜里,浙川亲人血浓于水,青川人民给予了浙江建工极大的信任、支持和帮助,从而鼓舞着我们夜以继日地完成任务使命,用最短的时间向青川人民交付了1281套临时安置房和十余项优质工程,同时也赢得了青川人民的深深赞许。看着青川学子天真无瑕的嬉闹,我们倍感欣慰,青川中学、青川一中、青川职高拔地而起,清晨琅琅读书声又回荡在崭新的校园;一群来自浙江的爱心人士默默地用行动关爱青川莘莘学子,建设校外活动中心、捐助优秀贫困学子。看着青川大地日新月异的变化,我们倍感自豪,青川人民用勤劳的双手,不断创造着新的奇迹,整洁美丽的新家园焕发出勃勃生机,相信明天的青川一定会更加美丽幸福!

——吴飞

(○吴飞 浙江省建设投资集团有限公司党委委员、总工程师,浙江省建工集团有限责任公司党委书记、董事长,教授级高级工程师)

我们都是改革开放的受益者,在社会需要的时候,出点力,回馈社会是应该的。

——俞勤学

(杭州市建筑设计研究院有限公司是一家改制后的民营设计单位。董事长俞勤学说得好:"我们都是改革开放的受益者。"这家单位始建于1952年,2003年底改制为有限公司,也是浙江省首批勘察设计行业综合实力十强单位。正是公司较早地改革创新,综合实力的积淀,享受到了改革开放的红利。受益于改革开放,在社会需要的时候,不忘回馈社会:讲得好,情谊更重。)

办企业一要对得起自己的员工，二要对得起社会。

——陈金辉

（宁波弘正工程咨询有限公司陈金辉董事长如是说。朴素、真诚的创业感言溢于言表。短短两句话，有几层意思，用"要对得起"几个字带起，带出了萦怀于胸的一位老总的心语，说得直白、亲切，胜似金玉良言：想当年创业伊始，历经多少艰辛，如今企业发展了日子好过一点了，既想到要对得起自己的员工，又觉得要对得起社会。）

当我们梦见逝去的生命，眼睛里的泪水到哪里去了？人间的忧伤和希冀，本应在苍穹和大地间那些微光闪烁的奥秘中得到解释。

当静穆的星斗坠入一湾碧水，轻柔的雨丝，飘进了窗户，打湿心灵的眼帘。思考一下生命和家园的意义，几多绿荫染翠了山谷……苦难本身毫无意义，但我们可以通过自身对苦难的反应赋予其意义。置身于苦难和阳光之间，爱是没有界限的，这意味着不是消极地、被动地接受世界的秩序。

——丛书一作者

我们永远无法忘记大地震袭来时，青川县木鱼中学学生宿舍楼坍塌时发生的那一幕幕令人心碎的场面……那种痛让人刻骨铭心，无法抚慰。应该是饱含仁爱的本能促使你去保护这些弱小的生命，让他们在众人的呵护下能够摆脱阴影，当时我们不顾一切，脑海里只有快点建起校园一个念头。从那时候起，我们全部的注意力都集中在如何建起这座未成年人校外活动中心的身上，我们所有的努力，都是为了让这些可爱的孩子们健康地生活下去，并本真而活泼地成长起来。

——乡愁

工作就是人生修行的道场，专业地做事，厚道地做人。

——李本智

（○李本智　宁波市镇海规划勘测设计研究院院长、注册规划师）

我们不能复制别人的精彩人生，却可以活出自己想要的样子。

——王建珍

（○王建珍　宁波市镇海规划勘测设计研究院副书记、办公室主任）

六和观潮钱塘江，大雪初晴系乔庄。
凤凰涅槃重崛起，大爱无疆谱华章。
浙广千里兄弟在，与君一别无离伤。
青山一道同云雨，明月何曾是两乡。

——他山石

（2018年1月28日，罗云书记率青川县党政代表团就东西部扶贫协作赴浙江省进行招商考察，先后到阿里巴巴、娃哈哈集团、海南亚洲制药集团亚科中心、中南建设集团等民营企业，交流共商浙川扶贫协作事宜。彼时广元和杭州均大雪纷飞。1月31日，雪初停，钱塘江畔，银装素裹。代表团成员"他山石"（微信名）写下此诗。"浙广"指浙江、广元。）

身轻体柔抗震强，全心全意助青川。

——曾凯

（○曾凯　浙江大学建筑设计研究院有限公司青川项目结构专业主要设计人）

2008年5月12日14时28分04秒，一个无法被忘记的时间；家园坍塌的破碎、生命逝去的悲伤、废墟之下几近绝望与崩溃的眼神，成为一段永远都不能忘却的记忆。

10年过去了，在我们缅怀逝者、致敬重生、祝福青川的同时，经过苦难洗礼的青川人，重新开始了健康快乐的生活，他们会更加珍爱生命、珍爱生活。愿家乡人民幸福之花常驻！

——李艳

（○李艳　浙江省消防总队医院医务处主治医师，曾因2008年汶川抗震救灾荣获公安部一等功、全国三八红旗手、全国公安系统抗震救灾先进个人）

当孩子们欢蹦着，涌进青川县未成年人活动中心时，建筑鲜活了——它也在成长。愿我们能有更多助力，携手前行。

——冯余萍

（○冯余萍　浙江大学建筑设计研究院有限公司第12支部书记，组织安排两次青川之友活动，并带领党员资助贫困学生）

以后的每一天，当我们睁开双眼，都是一个和现在一样闪闪发亮的日子，然后告诉我，你们过得很好。

——邱媛

（○邱媛　浙江大学建筑设计研究院有限公司行政主管，组织安排了两次青川之友活动，并多年结对资助贫困学生）

园丁篇

大爱延续牵动青川未来（李映霖、杨丽华）
浙大建筑设计院"青川之友"助学2016活动纪实
（浙江大学建筑设计研究院建筑专业一所）
怎样做个有出息的人——给青川中小学生的嘱托（陈叔平）

——————

爱的轨道铺向青川——宁波轨道交通援建青川纪实
（宁波市轨道交通集团有限公司团委）
以爱为本 以情感人——浅析学生心理教育的几种途径（黄玉霞）

——————

让爱延续——2018青川爱心公益活动叙记
（浙江大学建筑设计研究院建筑专业一所）
这里的孩子需要我，我很重要（董蓉泽）

——————

爱在青川 用初心助力成长——赴青川助学小记（周舒）

大爱延续牵动青川未来

李映霖　杨丽华

爱的感动　2015年，在青川县城小坝，一处正在轰轰烈烈建设的建筑工地上，建筑工匠们正在如火如荼地进行房屋屋面封顶施工，建筑造型优美而亲切。这是一幢特殊的建筑，它是由浙江大学建筑设计研究院、《为了生命和家园》系列丛书编委会等60余家单位、团队和爱心人士全额捐建，占地面积3136m^2，建筑面积2041m^2，总投资1200余万元，这就是即将建成的青川县未成年人校外活动中心，是四川省首个县级未成年人校外活动教育阵地，该中心的建成，将使青川4.2万名青少年直接受益。为了这幢建筑的顺利建设施工，从2010年开始，援建者们在浙江、青川之间不知道往返了多少次，为募捐、为设计、为施工，记得2014年国庆，该幢建筑推动援建方代表徐一骐先生，不惜国庆与家人团聚的机会，专程来到近2000公里外的青川县，为校外活动中心外墙立面彩绘工艺和室内装修工程，现场与业主和施工企业交流后续施工需要协调的问题……这份执着，无不由衷地感动着他身边的每一个人。在一种精神的感召下，浙江众多爱心单位和爱心人士纷纷参与到这一援建工程中，有钱的出钱，有力的出力，俗话说：众人拾柴火焰高，数年间经过艰苦的努力，克服了许多意想不到的困难，陆续筹集到了房屋建设款和一些设备设施，从而有效地推动了该幢建筑工程的顺利实施。

爱的喜悦　随着室内外装修工程的结束，经请示青川县委、县政府同意，校外活动中心竣工仪式于2015年6月1日如期举行，这是援建青川县未成年人校外活动中心60余家爱心单位、团体和个人对青川4万多名未成年人送上的一份厚厚的重礼，是援建参与单位、个人和青川人民可喜可贺的一件大事，仪式当天，来自浙江、北京等地的援建方代表齐聚校外中心，与青川的孩子们欢度六一国际儿童节。这是一个特殊的节日，孩子们欢天喜地，一张张天真灿烂的笑脸，掩饰不住心中的喜悦，还有就是这群不遗余力为校外中心建设出资出力的单位代表及来宾们，他们心中的喜悦也无以言表，那种激动那种释然，也只有在他们坚守了近六年、克服了数不清的困难后，建筑和园艺的成功才会带来如此罕见的欢快！这是他们人生中最为高兴的一件事情。那天，我看到的徐先生的表情，是一直以来我见到他最为高兴的一次。青川县县委副书记、县长刘自强参加了竣工仪式，随着红色绸带掀起，青川县未成年人校外活动中心、青川县青少年宫两块牌子跃然于目，这意味着，青川未成年人校外活动场所的空白将成为历史，作为一县之长的刘自强更是喜形于色……

爱的联盟 在援建青川校外中心过程中，援建代表们多方了解到青川教育的困惑和众多贫困家庭孩子处于辍学的边缘，他们甚为担忧，竣工仪式前夕，在徐一骐老师的倡议下，发起建立了由数家爱心单位和爱心人士参加的"爱在青川公益联盟"，开启了援助青川教育和优秀贫困学生助学活动里程，联盟单位和个人于2015年6月1日竣工仪式当天，认领了优秀贫困学生12人，并承诺从结对之日起，一直帮扶到他们大学毕业，每年资助资金5000元，之后4年里，爱心联盟单位

2015年6月1日晨，"爱在青川公益联盟"结对帮扶12位优秀贫困学生座谈会现场

2016年6月初，"爱在青川公益联盟"成员专访凉水镇凉水村优秀贫困学生赵蕊家

代表和个人每年都不远千里来到青川，奔走在青川各个乡镇家访、校访贫困家庭学生，为他们送去物质和精神上的援助。

"爱在青川公益联盟"结对帮扶青川优秀贫困学生截至目前已达45人，本科以上大学在读5人，浙江建工集团帮扶的杜玉松同学在2018年中考中取得全县第一的成绩，其他学生学习成绩均名列班级和年级前茅。被帮扶学生都来自青川各个乡镇的贫困家庭，在"爱在青川公益联盟"的帮助下圆了他们的求学梦，让他们能够用知识去改变自己的人生，同时也给了这些家庭希望和未来。在此期间，浙大院陆激博士还发起了"青川助学"活动，邀请浙江大学专家、学者先后于2016年、2018年赴川开展了"踏踏实实做一个有用的人""家校互动""与青少年在一起"等智力助学活动3次；中国建筑工业出版社、宁波轨道交通集团分别于2015、2017年、2018年开展了"爱满青川"公益捐书、捐物活动，为青川学子和教育者们打开了一扇智慧之窗。爱心单位和个人在这期间付出了许多辛勤努力，2016年、2018年陆博士为陪同专家、学者赴川开展助学活动，在百忙中奔赴青川、浙江两地，曾一度被称为"空中飞人"；2017年浙江建工集团吴飞董事长百忙中不忘帮扶学生高考，安排人

2016年夏重访浙大院灾后援建的青川县清溪中学，左三为校长王方云

2018年9月1日青川助学活动家访大院回族乡竹坝村优秀贫困学生王丽华家

2018年6月4日,"爱在青川公益联盟"成员与少年儿童聚会互动

同天活动中心4D影院捐建正式开播仪式,段菲副县长热情讲话

员赴川慰问高考学生,组织联盟单位筹集助学资金;宁波轨道交通集团尹文德董事长、李晓波副书记3次赴川带队开展助学活动;中国建筑工业出版社党委书记尚春明、副社长王延兵先后赴川捐资、捐物,看望青川孩子们,这些点滴故事无不激励感动着我们,我们唯一能够回报的就是努力把中心管好、用好,把贫困学生教育反馈工作做好,把青川未成年人教育工作抓好抓实。

爱的成长 中心建成后,作为业主方如何用好、管好中心,让这栋别样的建筑真正发挥作用,这是摆在青川县精神文明办的头等大事,我们立足定位,努力把活动中心建成未成年人心理成长指导阵地、建成乡村学校少年宫师资培训基地和师生作品展示中心、建成未成年人社会实践培训基地、建成抗震救灾精神传承和励志教育基地。2015~2018年期间,浙江中南集团等爱心单位,为完善功能配套,建成了4D影院、音乐、美术、舞蹈、心理指导中心等功能室。我们加强中心管理,发挥中心功能作用,实行全天候免费开放,在课外时间活动中心随处可见孩子们的身影和欢声笑语。4年来,我们引进专业师资力量,举办了音乐、舞蹈、书法、绘画等特长培训和师生作品展演展示活动;探索开展了未成年人心理成长辅导教育；组织开展了中华小导游、文明小交警、手工制作、劳动体验、学雷锋志愿服务等社会实践活动，通过活动的开展，让青川的孩子们同样感受到了大城市孩子享受到的教育资源，让他们在活动中得到锻炼、在活动中快乐成长，有力地提升了我县青少年思想道德境界及科学文化素养。

青川，一个国家级贫困县，面对教育资源匮乏、留守儿童和贫困家庭孩子教育难等诸多困难，"爱在青川公益联盟"团队不负众望，牺牲企业和个人利益，视青川教育和未成年人健康成长为己任，多年来，持续不断地给予贫困家庭物质和精神上的帮助，给予青川教育智力支持和援助，这种大爱延续，既给青川众多贫困家庭带来了希望，同时也给予了青川未来，青川的明天一定会更加美丽，青川人民永远不会忘记这份恩情。

浙大建筑设计院"青川之友"助学2016活动纪实

浙江大学建筑设计研究院建筑专业一所

青川未成年人校外活动中心项目是2010年底浙江省对口援建青川功成东归后，由徐一骐先生牵头，完全靠浙江民间捐资兴建的一个特殊项目。2009年春始，浙江大学建筑设计研究院（简称"浙大院"）全过程免费设计并参与后期服务。2000多平方米建筑面积的小型项目，由浙大院董丹申院长亲自担任项目负责人，建筑专业一所陆激出任设计总负责人。前后历时近6年，数易其稿，历经坎坷，于2015年6月1日落成投入使用。

项目完工，设计师本该功成身退。然而经年砥砺铸成情缘，牵挂仍在，受到浙大院的院领导支持，陆激联系徐一骐先生，通过青川县精神文明办的帮助，发起组织了"青川之友"助学活动。陆激老师说："青川之友活动是一种延续。通过民间的关系与力量，为连通青川与浙江，多建立一种渠道，为青川的孩子们多提

供一个视野与机会,也为青川的方方面面多提供一点智慧与友谊。而参与者也能因为这个活动,由奉献点亮生命。"

活动一经提出,获得了各方鼎力支持。院党委书记吴伟丰亲自参与指导安排。原贵州大学校长、浙江大学数学系陈叔平教授欣然受邀,教育学院蓝劲松教授专门调整工作与课时加入助学团队。建筑一所蔡梦雷、冯余萍、邱媛和郑恒也特别花时间构思准备了助学内容与孩子们的互动活动。六月的青川,山如黛,水如腰,风光如画,人美如景。经反复联系酝酿,"青川之友"活动如期成行。

6月4日清晨出发,一行人经广元历时6小时到青川县城乔庄镇。旋即于午后,在县影剧院举行"青川之友"助学2016活动的首场报告会。

报告会由县委常委、宣传部部长马健主持。县委副书记、县长刘自强及副县长罗家斌出席。会议首先表彰了《为了生命和家园》系列丛书主编徐一骐先生的事迹,并由刘自强同志代表中共中央文明办向他颁发了"中国好人"荣誉证书。随后,特邀嘉宾陈叔平校长为到场的1000余名中小学师生,作了题为《求学、务农、教书——我走过的路》的报告。陈校长是个有故事的人,没有学究气和官腔,以风趣幽默的言语、平实珍贵的道理,分享了他从下乡务农、回城求学、读博士、当教授到大学校长的人生历程,生动地诠释了什么才是踏实和认真,如何做到质朴而勤奋,为何要忍耐和坚持。每一句都说到老师和孩子们的心里。他以长者的身份,殷切地嘱咐孩子们,不管有多少困难和诱惑,不能放弃读书,读书能带领人们走向一个新的世界;不管有多少无奈和牺牲,不要放弃追求,一切皆有可能。陈校长精彩的演讲获得了师生们广泛的共鸣和发自内心的热烈掌声。

陈校长的讲演为"青川之友"助学活动开了个好头。尽管在全球各种讲台上做过很多报告,这次为大山里小县城的孩子们演讲,他依然很认真。之前花了很多心思准备,还特意列了提纲征求相关意见。报告会意义深远,在场大多数孩子会铭记一生。这短短两小时的推心置腹和语重心长,无疑将推动其中一部分孩子命运的齿轮。

翌日上午,浙江大学教育学院蓝劲松教授的专题讲座在乔庄初中举行,马健主持讲座,罗家斌出席。蓝教授根据自己多年研究心得,给学生家长、老师带来一场精彩的"家校互动与学校文化再造"讲座。通过鞭辟入里的分析,指出家校互动中存在的问题,结合成功的示例指出解决方案,给老师和家长们提供专业指导。蓝教授还跟老师家长进行现场互动,分享如何提升校园文化建设、如何加强家长跟老师良性沟通,生动细致地介绍了互动方式,并全面阐述了校园文化建设对孩子成长的影响。

蓝教授这次讲座,是根据青川县有关方面的要求,由"青川之友"助学活动组织联系,我校教育学院推荐的。蓝

蓝劲松教授带来了一场精彩的讲座

教授是这个领域的专家,因此讲座很有针对性,老师、家长们受益匪浅。无疑,这种安排是成功的,也是可以在未来复制的。

与此同时,青川县未成年人校外活动中心热闹非凡,30个出生于2008年的孩子们,在家长和老师的陪同下,加入了这次专门为他们设计的活动。建筑一所的建筑师带着孩子们,在他们自己带来的卵石上,用各种颜色随心所欲地画画。孩子们开心又认真地描绘出自己内心的画面,发挥各自的想象,有抽象的,有具象的,有很多你想象不到的……时间很短,可孩子们的创造力却无穷无尽,带给每个参与者太多感动和收获。最后,根据事前的预设把孩子们的作品组合起来,融成一个全新的环境艺术装置,固定在活动中心庭院的一角。浙江人捐赠的房子里,留下了震灾那年出生的孩子们自己的参与和创造,有孩子们的童心,有青川人民的真心,也寄托着众人的爱心。

活动过程中,孩子们还在彩纸上写满了文字,许多感激,许多祝福。也许有事先安排的成分,但每一点一滴微小的创意和开心,能带来改变,能带领成长,也分明指向明天。

6月5日下午,同志们在青川县文明办、教育局领导的带领下,专程走访贫困

微小的创意从这里开始

家庭。有去年接受过资助的孩子,他们勤奋努力、积极乐观,从贫困和家庭变故中坚强起来;也有灾后受创又新遭打击的家庭,孩子们既脆弱,又坚强,说到动情处,在场的人都饱含泪水。个人的力量有限,但涓滴归海,一对一的助学捐赠,也是"青川之友"助学活动的重要部分。

短短两天,我们以微薄之力,让爱在青川延续。除了画图纸造房子,设计师们还应该有更多方式来参与社会,丰富自己的生活和生命。"青川之友"助学活动就是这样一种尝试,按陆激老师的说法:如果可以,我打算推动这件事,办它十年。"也许这将会成为传统,这只是一个开始。"

2016年7月14日

怎样做个有出息的人

——给青川中小学生的嘱托

陈叔平

编者按：浙江大学教授、贵州大学原校长、数学家陈叔平2016年应邀专程赴青川，在大礼堂，为到场的近千名中小学生做了长达2小时的精彩报告。由于篇幅关系，本书只收录了提纲。陈校长的演讲由己及人，深入浅出，给孩子们以极大的启发和鼓励。演讲结束后，孩子们迟迟不愿离开，围着"校长爷爷"提问题，他也耐心地一一解答。有的孩子看到数学家近在眼前，赶忙打探秘诀："我数学学不好怎么办？"陈校长告诉他，数学不神秘。尤其小学和初中的数学，都是生活和工作中所需要的，每个人都能学好。最要紧别害怕，有些题目一下子做不出来，就慢慢想，只要坚持，总有想明白的一天。看到"陈爷爷"那么慈祥，孩子们很快就把他当作知心朋友。一个孩子问："我家里穷，妈妈也帮不上我，在学校常被人看不起，很苦恼。"陈校长语重心长地鼓励她：人生很长，大多数人都会有被看不起的经历，其实并不稀奇，没什么。最重要的是相信自己，尺有所短，寸有所长，用不着和别人比，多想想怎么完成甚至超越自己才对。做个自己擅长的自己。简单而贴心的话语，如春风化雨，渗入孩子们的心灵。

一、穷则思变，笨鸟先飞，自强不息

童年清贫：13岁开始要照顾自己，并承担一些家务；

少年务农：初中毕业下乡务农9年；

成年入学：28岁进大学，起点不高；

回报社会：做过不少事。

感悟：生活就是教科书，经历就是财富。

陈叔平教授与青川的中学生们热情交流

二、"小道理"也是"大学问"

小道理1：养活自己是首要责任，要勤劳、俭朴；

小道理2：人生是马拉松，不必求快，但求坚持，学会忍耐；

小道理3：把眼前的事做好，认真负责，赢得信任；

小道理4：凡事做的时候常不会，需要的时候常没有；

小道理5：走自己的路，不和别人比，但一定要守规矩；

感悟：快乐不靠外部给予，要有自己真正喜欢的事和喜欢的人。

三、别放弃读书

为什么：读书能把你带向一个新的世界；

怎么读：读书是要下功夫的（知识=知+识，学习=学+习，学问=学+问）；

抓重点：小学、初中受教育，培养好品德，养成好习惯，具备继续学习的能力；

感悟：读书是重要的，无论如何不能放弃。

爱的轨道铺向青川

——宁波轨道交通援建青川纪实

宁波市轨道交通集团有限公司团委

在2008年汶川大地震中,青川受灾青少年达42000多人,有64个孩子失去了双亲,365个孩子没有了爸爸或是妈妈,还有更多的未成年人成了残疾儿童,许多未成年人思想负担重,心理创伤大。自2017年起,宁波轨道交通团委与青川团县委达成结对帮扶共建关系,最终形成了以双向互动、优势互补、资源共享、合作共建的"十六字"为工作原则,以团建、联建为纽带,采取三大举措积极帮助受灾青少年尽快走出阴霾,将一条条爱的轨道铺向了青川受灾青少年的心中。

一是积极建设青川县未成年人校外活动中心。早在2008年,宁波轨道交通集团数千名员工,包括正在建设地铁的建筑工人在内,共捐出了爱心善款101944.5元,送往青川作为未成年人校外活动中心的一部分装修款。活动中心的建成填补了当地未成年人校外活动专用场所的空白。2015年活动中心建成后,宁波轨道交通集团第一时间组织各级团组织,面向全社会开展了"甬轨心系 爱满青川"公益捐书活动,在很短时间内募集到5800余册的青少年课外图书和近万元的学习用具,并亲手将爱心物资送到了青川。二是结对帮扶受灾青少年,抚平其心灵创伤。青川女孩王鑫在地震时只有3岁,失去亲人的她和奶奶相依为命。宁波轨道交通指挥部(集团公司)党委副书记、副总指挥李晓波得知她的情况后,默默地和小鑫结下了对子,每年的12月份都会给孩子捎上一份助学款,并专程前往看望王鑫的家庭,为她送去了保暖衣物和学习用品,鼓励她好好学习,用知识改变命运。三是打造"爱心主题"地铁文化墙。宁波轨道交通已着手将青川助学等相关爱心故事注入轨道交通5号线地铁文化墙的打造上,以此来铭记宁波青川与这座城市的特殊援建之情。

以爱为本　以情感人
——浅析学生心理教育的几种途径

青川县乔庄小学　黄玉霞

2008年的那场灾难，让我从一个只关注学生学习的普通老师，走上了关注学生心理健康的心理辅导老师。从地震后的心理教学培训到现在的梦想二星教师。使我明白了让学生自信、从容，有尊严地活着，培养一颗感恩心，用自己的实际行动去回报社会，把感恩的心传承下去，是比让一个人学习上考第一更重要的事。

一、有趣的系统课程是提高学生心理健康的重要途径

从接触学生心理教育开始，我就一直觉得如果有针对学生不同年龄特点的心理教育的系统课程就好了。因为以前的心理课程到了我们最基层的学校，就融进了思品课或其他的课程中，对学生没有进行系统的培训。学生的心理问题也没有引起足够的重视，出现了问题才临时想办法解决，就成了头痛医头、脚痛医脚，得不到根本的解决。后来，我在外面参加上海真爱基金会的梦想老师培训时，为我们学校引进了他们研发的《去远方》和《梦想舞台》两门课程，通过三年在不同年级的试点，我们学校孩子的集体意识，为他人服务的意识，团队协作的意识，互帮互助的意识，感恩父母、老师、社会的意识得到了很大的提高。而且学生变得独立了，旅行的行李可以自己收拾，也知道怎样合理地理财，怎样规划出行的路线，怎样寻找美食，怎样找到经济实惠的住宿，怎样做一个文明的游客，怎样为团队出力，尽到自己的责任。短短的一年，学生的变化很显著，尤其是以前一些性格内向、爱调皮捣蛋的学生，都找到了自己正确的位置，也让其他同学认识到了这些同学的优点。在活动中让学生变得自信、从容、有尊严，才是心理健康教育提倡的根本。

二、关注贫困生的心理健康，是提升学生心理健康的又一途径

谈到贫困生的心理教育，我感触更深的是，如果一个家庭真正的贫困，会使孩子在心灵上也处于贫瘠的状态。这往往表现在班集体的集体活动中，孩子不自信、不合群，尤其不喜欢和班上条件较好的孩子一起玩耍。如果强行把他们分在一起，很多孩子会变得更自卑，往往会做出一些出格或我们老师和家长不能接受的事。这时老师就更应该注意方法了。我记得去年在一个班上上《去远方》这堂课的小组分工时，有个小组的同学在选"财政部长"时，就选了他们组一个家庭条件很差的学生，给我的理由是："这个孩子家里没电脑、没手机，所以不能当通讯和交通部长；另外，这个孩子不爱说话，不能当组长或副组长，而这个孩子平时很节约，不会乱花钱。"本来说到这里就很好的，但旁边一个捣蛋鬼小声说了一句："他那么穷，不会拿着钱跑了吧。"在我还来不及阻止的时候，那个同学就很激动地站起来，一下就把他们小组分工的展示纸撕了，跑出了教室。还好，当时教室里他们班主任在，她立马就去追那个同学。这时，课堂已经乱了，我拍拍手，让教室里的同学安静下来。我对同学们说："同学们，你们谁能给我介绍一下刚才跑出教室的那个同学吗？"（因为这是我第一次给他们班上课）。同学们七嘴八舌地说起来："他叫黄木春，妈妈很早就跑了，爸爸也不管他，只有爷爷和奶奶管他。他们家很穷，班上要交钱，他总是最后一个交的。而且他不爱说话，不爱和大家玩，爱破坏东西……"总之，在同学们的眼里，黄木春就是一个几乎没有优点的学生。这时，我对同学们说："同学们，你们觉得最幸福的是什么事？"有同学说是旅游，有同学说是过年父母从外地打工回来，一家人在一起。听到这，我立马又问："你们这个幸福的事，黄木春却感受不到，在你们有爸爸妈妈好好陪伴的时候，他却什么都没有。"这时，有个女同学说："黄木春好可怜，以后我妈妈给我买的礼物，我会分享给他的。"我又问："同学们，你们和黄木春在一起5年了，发现他有什么闪光点吗？"同学们思考了片刻，刚才那个捣蛋鬼站了起来，说："我们每次扫完地不想倒的垃圾，都被黄木春主动倒了，而且是好几年了。""每次我们搬不动的东西，都是他搬的。""他

帮我背过书包。""春游时,他帮我背包……"一下子黄木春是班上一颗闪亮升起的新星。这时捣蛋鬼说:"黄老师,我去把黄木春找回来。"我其实已经知道黄木春和班主任老师早已经在门外了,但我没有阻止捣蛋鬼,当他拉开门,看到泪流满面的黄木春,两个大男孩哭着抱在了一起。此时班上响起了热烈的掌声。虽然这节课我的教学计划没有完成,但这个结果是我最想看到的。课后,我又和黄木春交谈,他告诉我说:"同学们以前都看不起我,他们都有零花钱,而我没有,我不敢和他们玩。""那你现在还这样认为吗?""不了,没想到同学们都还挺喜欢我的。"说完,这个男孩害羞地低下了头。我最后抱着这个孩子对他说:"你以后有事,可以来找我,把我当成妈妈好吗?"他惊喜地说:"我可以吗?"我微笑着点点头。现在这个孩子已经上初中了,他经常会联系我,告诉我学校的点点滴滴,我也向他老师打听,他老师说,这个孩子聪明、听话、乐于助人……这时,我发现,让孩子心理不贫瘠,感受到阳光,哪怕他家里一贫如洗,他也会自信、从容、有尊严地活着。

三、教师的言传身教和活动设计得有趣,也是提升学生心理健康的重要途径

学生是一个个鲜活的生命,教师要用真心去感染学生,用热心去帮助学生,用慧心去引导学生,将学生的角色定位从学校的"学生"转变为真正的"社会人"。

今年我带的小学低段,我发现教室被打扫不久又脏了,平时说了很多次都没有作用,我想到古人说:身教重于言传,所以看到脏了,我就立马去打扫干净,扫了几天后,我发现地上的垃圾少了,看见我扫地,也有学生会来帮忙。通过这件事,我明白班级教育只要你用心,把学生当成朋友,耳濡目染,孩子们也会主动地做应该做的事。

2016年11月初,一个偶然的机会,发现可以向徒步禅基金会申请徒步行活动,我们学校就积极争取,我专门负责,筹备了一个月,于2016年12月9日在真爱

梦想基金会和徒步禅基金会的支持下，举办了由学生、家长和老师1200余人参加的"传承长征精神，开创美好未来"的20公里徒步行活动。这一活动既锻炼了学生的意志力，又增进了家长、学生的亲子关系，还让社会认识了一个不同的乔庄小学。活动后，老师、学生、家长一起写下了这次活动的感受，在开展活动的同时，又进行了一次作文教学，真是一举两得。我校也决定把这个活动作为学校的传统活动，每年都举行。

四、培养学生一颗感恩心，是学生心理健康的一个重要标志

让学生有一颗感恩的心，让他们懂得把今天受到的恩惠化为自己以后的感恩付出，让学生成为自己生活中的聚宝盆，把周围人都当成了宝，而不是草。2008年5月12日，青川这片默默无闻的山地县域，曾引起了全中国甚至全世界的瞩目。而今，地震虽然已经过去了10年，但社会各界对青川、对青川人民的关心和付出，一直在延续着。但在这些捐赠背后，我发现很多受捐赠的孩子和家长，把这当成了理所应当的事，有的还有意无意地提一些要求。不能说他们不知道感恩，但至少没明白自己在今后的生活中怎样做一个知恩、感恩、报恩的人。所以在今年的一次浙江对青川的捐赠仪式上，我带领受捐助的几十个孩子上了一堂心理辅导课。在课上，我让每个学生吹一个气球，并写上自己的名字，然后把所有的气球放在一起，打乱，让学生在最短的时间里找到自己的气球。结果一团糟，大家是你推我挤，好久都没有找到。这时我又让同学们想，有什么办法能快速地找到自己的气球？在讨论无果的情况下，我对同学们说："现在请你们就近拿气球，大声说出上面的名字，然后送到这一同学的手中，看看能用多久时间？"结果，同学们只用了将近两分钟的时间就拿到了自己的气球。我让同学们说出为什么？有同学说："我在帮助别人的同时，别人也在帮我。"也有人说："大家互帮，是最好的方法。"我这时对同学们说："同学们，如果你把周围的人当成宝，你就是一个聚宝盆，反之，如果你把你周围的人当成草，你就是一个草包。记

住，给予别人想要的，你会收获你最想要的。"然后我又说："今天浙江的这些伯伯、叔叔和阿姨们到青川来资助你们，你们可以做些什么事来回报他们呢？"孩子们讨论后，用自己的手掌印组成图画，并写上了更多感恩的话语，并当场献给这些远道而来的亲人们，还说："自己今后要做一个感恩社会、感恩自然的人！"

每个人是一个独立的个体，但也是社会这个大家庭中的一员，有健康的心理，是我们这个社会进步的重要保证。孩子们的心理健康是一件任重而道远的事，让我们携手共进，把我们的每一个孩子都培养成为自信、从容、有尊严的人。

让爱延续
——2018青川爱心公益活动叙记

浙江大学建筑设计研究院建筑专业一所

2018年9月1日。此刻，天色向晚，唐家河河谷陡坡上，三三两两的扭角羚顾自漫步吃草。驻车，近距离目击安详肥硕的巨兽，陆激老师对吕森华书记说，从2008年起，往来多少回，这是第一次邂逅大名鼎鼎的扭角羚。震后10年间，青川改变了，人与自然一天比一天融洽。

润物无声，这改变的助力中，也有浙江大学建筑设计研究院一点一滴不断地付出：33所中小学校，一个体育馆，当然，还有集全院之力无偿设计、监造的青川县未成年人校外活动中心。往常房子一旦投入使用，设计师们多功成身退，但活动中心2015年落成以来，院建筑专业一所的建筑师们却每年都会来到这里，在自己设计的房子里，和中心的小朋友们互动，更为他们引荐各行各业的专家和前辈，为青川的老师和孩子们带来最新的理念和知识。陆老师说："如果可以，我打算持续推动这件事，至少办它十年。"

今年青川之行由院党委书记、副院长吕淼华带队，浙江大学心理健康教育与咨询中心副主任祝一虹教授也受邀加入青川助学团，祝老师为此还专门调整了工作与课时。我们的老朋友，青川县刘自强县长热情接待了吕淼华书记一行。

9月1日这天，祝老师成了最忙的人。上午，由副县长段菲主持，在县图书馆会议室进行了"与青少年在一起"心理健康师资培训讲座，80名当地老师参加了这次培训；中午，回到青少年课外活动中心，在一楼大厅，为35名不同年龄受助家庭的孩子们，展开了一场别开生面的"情绪管理"心理健康团体辅导。孩子们从陌生、羞怯、犹豫，到积极参与、发言，课外活动中心一次又一次被欢声笑语充溢；下午，祝老师又马不停蹄，在县影剧院，为近800位青川中小学生作了"遇见幸福"中小学生心理健康专题报告，精彩的演讲获得了孩子们的广泛共鸣和热烈的掌声。

在祝老师精彩的报告和活动间隙，还穿插进行了2018年结对帮扶优秀贫困学生助学金发放仪式。段菲副县长、课外活动中心捐赠召集者、"爱在青川公益联盟"负责人徐一骐先生、吕淼华书记分别发表了即席讲话。吕书记还代表我院第12党支部全体党员，向贫困学童发放了5000元临时助学金，并为在场的贫困学童发放了由院综合办张众伟主任精心挑选的礼物。

活动结束后，在青川县精神文明办李映霖主任、杨丽华副主任陪同下，一行人员还翻山越岭，对院原党委书记吴伟丰、建筑专业一所陆激、邱媛等结对帮扶的困难家庭进行了家访和慰问。大山中的孩子们真不容易，受帮扶的贫困学生王丽华同学，当得知我们前往大山深处家访，平时住校很少回家的她，头天徒步数十里路赶回家，第二天早早地到村头迎候我们，感情如此真挚和朴实！家访过程中，山坡陡峭，吉普车数次熄火，山道弯弯，全靠司机和村人联系，徒步走过一段山路，才走出迷途。临别时，一行人因此特地带上了受帮扶的王丽华同学，为她第二天返校省去4小时坎坷山路。

2018年9月初,教育扶贫协作活动在青川

在县影剧院,祝一虹老师为中小学生作"遇见幸福"专题报告现场

青川之友团体辅导在校外活动中心一楼大厅举行

短暂但丰富的爱心公益活动顺利结束了，我们的老朋友：马健部长、刘成林主任、苟蔚栋主任也都来了，大家依依不舍，相约来年。看得出，孩子们的笑容，就如描绘在我们作品上的期许一样，天真烂漫、幸福美好。创作出更多更好的作品是我们浙江大学建筑设计研究院义不容辞的责任，对社会的关注和爱，同样是我们每个人的愿望，活动虽然暂时结束了，而爱还在继续……

2018年9月

这里的孩子需要我，我很重要

青川县沙州初级中学校　董蓉泽

绵延起伏的群山，环抱着碧波荡漾的白龙湖，湖岸绿林掩映中的白墙红瓦，就是美丽的沙州中学。二十九年来，或激情澎湃于三尺讲台，或行色匆匆于家访之路，纵使百转千回，我都风雨守望，从不曾离开，因为，这里的孩子需要我，我很重要！

曾经，我以为自己是茫茫人海中被遗忘在角落里的一个人，我，不重要；曾经，我以为自己是万紫千红中低到尘埃里的一朵花，我，不重要。直到有一天，在人生的驿站遇到了让我焦心劳思的一个孩子。

那是2003年一个隆冬的午后，一阵撕心裂肺的哭喊，划破了校园的宁静。当我拨开人群，飞奔向学校围墙边的湖岸，原来是我班一个叫小和的住校生，跟中午来到学校的母亲吵架，一气之下要跳湖自杀。这孩子本来很优秀，由于家庭变故，倍受打击，成绩一落千丈。虽多次谈心，但收效甚微。后来我找到孩子产生思想变化的根源，是缺少亲情和家庭的温暖，于是，我"换招"了，经常做些好吃的带他回家，在餐桌上有意识地渗透我对他的一些要求和希望。在初三最后一学期，孩子住到了我家，跟我的孩子一起学习生活。温情终于融化了坚冰，孩子学会了关爱，懂得了感恩。在2004年中考时，孩子以640多分的好成绩考入广元中学火箭班。临行前，我送他两件礼物：一是300元钱，他经济上很需要；二是一张当时的《广元时报》，上面刊登了广元市当年高考理科状元青川中学张淋娟努力拼搏的感人事迹，这是他精神上所需要的。这种"了无声息"的"餐桌感化"，如一盏明灯，为一个迷茫的孩子开启了一扇光亮的大门，最终走进成功的殿堂，这些年，每当我看到一个显示为青川县××局小和的来电时，那一刻，我幸福地告诉自己：孩子想我了；那一刻，我也骄傲地告诉自己：这里的孩子需要我，我很重要！

  2001年那个突变的深秋，气温骤然下降，想起班上有个叫安的孩子周日返校穿着非常单薄，我立即回家把自己孩子的毛衣送他穿上。后来在他成了青川县××镇一名公务员时曾写信给我："董老师，你还记得吗？我生平第一次穿上的纯毛毛衣是你家孩子的，原来它是如此暖和，这股暖流打开了一个山里孩子自卑而又封闭的心窗，让我第一次感受到，除了深山之中的父母，原来还有人看得起我，疼爱着我，谢谢您……"这些小小无心的举动，却带给孩子们内心无比的温暖与感动。与孩子们相处多了，所有的责任都成了一种爱的习惯，所有的付出都成了一种爱的温暖，每当我回想起孩子们在电话中情真意切的诉说，那一刻，我骄傲地告诉自己：孩子需要我，我很重要！

  "当弯腰低头成了习惯，你其实已低入尘埃，你在与不在，已经无人知道。卑微地以为，看不见的，就是弱小，但当它们集结，就会动地惊天。"是的，曾以为渺小的我，于这个世界可有可无，然而对于小倩、玉松和王浩来说，我似乎成了他们最重要的支柱。

  小倩、玉松姐弟俩出身贫寒，父亲车祸丧失劳动能力，奶奶残疾年迈体弱，母亲独自辛苦操劳。王浩，优秀而又苦命的孩子，母亲身患骨癌，父亲常年在外，兄弟俩生活十分困窘。三孩子夜以继日地攻读，虽出类拔萃，可求学之路异常艰辛。对孩子们的牵挂，常常让我辗转反侧彻夜难眠。"因爱而生，为爱而动"，一颗爱孩子的心，成就了我仁爱的梦。几经周折，四处奔波，联系到北京、浙江的朋友雪中送炭，承担起了三孩子每人每年2000元生活费以及换季衣服。当我看到玉松取得了2017年青川县统考八年级全县第一名的成绩时；当我看到小倩取得了青川中学基地班前五名的成绩时；当我看到2016年王浩在痛失母亲的悲伤中仍然取得了全县第九名的中考成绩时，那一刻，我欣慰地告诉自己：孩子们长大了；那一刻，我也骄傲地告诉自己：这里的孩子需要我，我很重要！

"爱出者爱返，福往者福来"。孩子们的勤奋与纯朴，给了我爱的源泉，让我找到了自我的存在。孩子们山一样地稳默驻守，如一声恬静的呼吸，似一缕盛开的芬芳，像一掬晶莹的山泉，熠熠璀璨，静静生长。

"帮助他人，成长自己，把爱传出去。"我的人生，渴望是一场体面的修行，它不是为了得到更多，而是为了"共建富而有爱的幸福家园"。这里的孩子需要我，我很重要！青山之中，白龙湖畔，且让我用热情来温暖孩子；用真情来陪伴孩子；用我全部的爱心和期待来守护孩子！

这里的孩子需要我，我很重要！

爱在青川　用初心助力成长
——赴青川助学小记

浙江省武林建筑装饰集团有限公司团委书记　周舒

"浙江的亲人们把他们当作自己的子弟来帮助，他们以后也一定会把他们当作自己的大人来孝敬，而且还要去帮助更多的人。"

青川县骑马乡新民村高二学生白云艳的奶奶拉着我们的手真切地说着，浓浓的川音说得很快，但是我们却听得格外清楚。这户人家因家长生病收入贫乏，所住农房又因地震且正位于山脚下而被列为危房，没钱盖新的只好加固下这么住着。多亏了去年开始浙江一家工程设计公司给予了孩子大学毕业前每年5000元的助学金，她才得以对大学的学习生活有所期待。

这只是24位受帮扶的贫困学生中的一家。短短2天时间，我们跟着"爱在青川公益联盟"的发起人徐一骐先生在青川县文明办的带领下走访了9户位于青川县白家乡松盖村、凉水镇团结村、骑马乡新民村等地的受助贫困优秀学生家庭。这些家庭有的在车子爬行了40分钟的黄泥盘山路的蜀道间，有的在因汶川地震受损而临时加固的平房中；有的因为父母在地震中失去生命而与奶奶相依为命，有的家徒四壁不得不挑起生活重担却又盼望着能继续学习。

为了能帮助这些孩子，以及帮助更多这样的孩子，12月29日，我们有幸代表浙建集团下属两家企业浙江建工和浙江武林以及其他捐助企业参加了在四川省青川县举办的2016"爱在青川公益联盟"结对帮扶青川优秀贫困学生座谈会暨捐赠仪式，向第一、第二批共24名学生每人捐赠了5000元助学金。其中，我们两家企业共对口帮扶6名孩子，并将陪伴这些孩子们走完他们整个学业生涯直到大学毕业。座谈会上，受捐学生和家长代表分别做了发言，说到动情处，发言的和在座的好几个人都偷偷擦起了眼角。也许这5000元一年对于一个企业或小康以上生活水平的家庭不算什么，但是看过了那些走着泥路上学的孩子那真挚的眼神，握过了满手沟壑、微微颤抖的孩子亲人的手，才知道，什么是雪中送炭。

这次还看到了我们浙江武林集团从去年开始结对帮扶的双胞胎赵诗雯、赵诗露两姐妹，并走访了她们位于乔庄的家。两姐妹瘦弱、腼腆，但一看到我，大大的眼睛藏不住的满心欢喜。他们的母亲从小离开了家，两姐妹跟75岁的奶奶挤在一个小小的房间里生活。所幸姐妹俩乖巧、懂事，成绩一直在年级中名列前茅，也让奶奶有所欣慰。我告诉她们，这个活动自去年在我们集团由团委发起以来，有很多为他们捐款捐文具的阿姨叔叔们都关心惦记着她们。集团领导还在临行前

嘱托我转达他的问候,希望她们能好好学习,长大后也帮助那些需要帮助的人。孩子们也用精心绘制的彩铅画表达了对于伯伯和叔叔阿姨们的感谢。

我们还有幸参观了浙江武林参与义务装饰设计的青川县未成年人校外活动中心,这是浙江省60余家企业和人士捐款900余万元建造而成的,是公益爱心的具象体现。大家在活动中心的台阶上合了影,希望这爱心凝聚的建筑能见证他们被爱心呵护的成长,为社会增添正能量。

"爱在青川公益联盟"教育扶贫活动还将继续,我相信我会一直记得贫困寡言的父亲一个劲鞠躬,给大家围坐的炉子拼命添加柴火的身影;会记得一张张红扑扑的脸庞折射出的对未来的忐忑与渴望;也会记得山弯中那个象征着青川未来的叫作初心谷的美丽新村庄。也许有一天,这些孩子学有所成,拥有了自己的团队和财富,回来建设自己的故乡,那么,那一定是爱心继续传承和再次延续的时刻,也是我们的初心。

致　谢

　　从事工程安全和建筑之美的事业，在于它是一种全方位的体验，一种与他人共享的苦乐。我欠了很多人的情，但他们从不图回报。虽然这里只提及其中很少的人，但打开这本书，微光处处，无一不在讲述着家园之爱的故事，无一不在抒发着匠心筑梦的情愫。

　　罗云书记和刘自强县长；从这场社会公益之旅的第一天起，青川儿女们的友情马拉松、奉献和精神成长，一路给予我们的支持；在当下，这个被称为"鸡鸣三省"的农业县，全县的机关干部，都下乡投入到脱贫攻坚的坚实工作中，他们对于贫困问题的理解和付出始终在激发着我。

　　为本工程顺利推进做出铺路工作的丛书编委会；百余名丛书作者，用5年多时间，以义写的形式，将稿费全部捐出，表达了一个知识群体的爱心和塑造价值的真诚。

　　最重要的是感谢合作援建代表楼金、董丹申、沈元勤、盛金喜、恽稚荣、吴飞、吴建荣等先生及所代表的单位；浙江省城乡规划界及社会各界的朋友：郑声轩、张静、柴理明、陆峰、胡永广、姚恒国、吴伟年、金健、于利生、俞勤学、方利强、尹文德、陈金辉、吕海力等同仁及所代表的单位和个人。他们的共同参与，凝成了大爱。

　　顾承甫同志；为本书撰文的每一位青川建设的亲历者；为本建筑匠心筑梦的每一位心血铸就者。

　　我的朋友，也是本书的作者，马健主任、陆激博士和吴飞总工，他们在本书写作和统稿过程中和我共同工作，他们的讨论和观点使我更为清晰地思考，并帮助本书确定了它的整体结构。

　　本书及丛书责任编辑赵晓菲女士、朱晓瑜女士，参与制图的设计师，和所有在本书制作过程中做出过贡献的人。

　　对本工程建筑设计作出评价的胡理琛先生；郭允冲、谈月明和赵克先生；他们对工程安全的关切，使人重温了建设者忧思和关怀的天职，它培养我们以有限的存在方式尽心服务社会，并以播种大地和建设家园为己任。

　　涓涓爱心皆溪流，溪流可以成江河。再次向每位富有情怀、带来阅读生态的朋友致敬并致谢！

青川县未成年人校外活动中心
参加援建和业已捐资的单位、团队和个人名单

工程建设安全技术与管理丛书全体作者

海南亚洲制药股份有限公司

浙江大学建筑设计研究院

中国建筑工业出版社

温州东瓯建设集团股份有限公司

浙江省建筑装饰行业协会

浙江省建工集团有限责任公司

浙江中南建设集团

永康市古丽高级中学

杭州市建筑设计研究院有限公司

浙江省武林建筑装饰集团有限公司

温州中城建设集团股份有限公司

浙江工程建设监理公司

宁波弘正工程咨询有限公司

桐乡市城乡规划设计院有限公司

浙江华洲国际设计有限公司

新昌县人民政府

宁波市城市规划学会

宁波市规划设计研究院

义乌市城乡规划设计研究院

金华市城乡规划学会

温州市城市规划设计研究院

温州市建筑设计研究院

宁海县规划设计院

余姚市规划测绘设计院

宁波市鄞州区规划设计院

奉化市规划设计院

浙江诚邦园林股份有限公司

浙江诚邦园林规划设计院

浙江瑞安市城乡规划设计研究院

金华市城市规划设计院

东阳市规划建筑设计院

永康市规划测绘设计院

浙江中南卡通股份有限公司

浙江省诸暨市规划设计院

浙江省宁波市镇海规划勘测设计研究院

浙江武弘建筑设计有限公司

慈溪市规划设计院有限公司

浙江高专建筑设计研究院有限公司

乐清市城乡规划设计院

温州建苑施工图审查咨询有限公司

宁波大学建筑设计研究院有限公司

平阳县规划建筑勘测设计院

卡尔·吕先生（澳大利亚） 林岗先生

浙江同方建筑设计有限公司

袁建华先生

宁波市轨道交通集团有限公司

宁波市土木建筑学会

浙江建设职业技能培训学校

电子科技大学计算机科学与工程学院

上海瑞保健康咨询有限公司 李晓松先生

浙江华亿工程设计有限公司

徐韵泉老师 钟季鎣老师

杭州大通市政园林工程公司有限公司

浙江天尚建筑设计研究院

浙江荣阳城乡规划设计有限公司

衢州规划设计院有限公司

中国美术学院风景建筑设计研究院

森赫电梯股份有限公司

嘉善县城乡规划建筑设计院

慈溪市城乡规划研究院

温州建正节能科技有限公司

董奇老师 吴碧波老师 夏云老师

云和县永盛公路养护工程有限公司

浙江宏正建筑设计有限公司

浙江双飞无油轴承股份有限公司

浙江蓝丰控股集团有限公司

浙江城市空间建筑规划设计院有限公司

浙江玉环县城乡规划设计院有限公司

台州市黄岩规划设计院

象山县规划设计院

湖州市公路局

图书在版编目（CIP）数据

家园之爱话匠心：四川省青川县未成年人校外活动中心建设纪实／徐一骐等著. —北京：中国建筑工业出版社，2019.5
ISBN 978-7-112-23251-2

Ⅰ.①家… Ⅱ.①徐… Ⅲ.①少年宫－建设－概况－四川 Ⅳ.①G244

中国版本图书馆CIP数据核字（2019）第024205号

　　本书为2008年"5.12"汶川大地震后数年间，极重受灾区青川县未成年人校外活动中心的援建纪实。未成年人校外活动中心是青少年思想道德建设及爱国主义教育场所，是对少年儿童开展校外教育的重要基地。该工程自2009年开始发起援建活动，至今已经10年了，书中记录了该援建项目从前期策划、立项、选址、设计、施工、竣工验收等环节，以及贯穿于项目建设整个过程工程筹款路遇的艰辛和2015年6月项目建成后延续至今的系列爱心活动，为我们展现了一幅祖国家园建设守望相助、苦乐之间、逆顺之间、家乡有情、人间有爱的故事画卷，也体现了"干在实处、走在前列、勇立潮头"的浙江精神，展现了一批爱心奉献、坚忍不拔、匠心筑梦的工程人、企业家、艺术家和园丁形象。

责任编辑：赵晓菲　朱晓瑜
版式设计：锋尚设计
文前速写：董丹申
责任校对：王　烨

家园之爱话匠心——四川省青川县未成年人校外活动中心建设纪实
徐一骐　陆激　等著
马健　吴飞

*

中国建筑工业出版社出版、发行（北京海淀三里河路9号）
各地新华书店、建筑书店经销
北京锋尚制版有限公司制版
北京雅昌艺术印刷有限公司印刷

*

开本：889×1194毫米　1/20　印张：12⅕　字数：231千字
2019年7月第一版　　2019年7月第一次印刷
定价：65.00元
ISBN 978-7-112-23251-2
（33561）

版权所有　翻印必究
如有印装质量问题，可寄本社退换
（邮政编码100037）